キャリア発達支援研究 6

# 小・中学校等における多様な個のニーズに応じたキャリア教育
～深い学びとキャリア発達支援～

【編著】 キャリア発達支援研究会

# 巻 頭 言

　キャリア発達支援研究会は、平成23年1月に「キャリア教育推進者研究協議会」として国立特別支援教育総合研究所（以下、研究所）を会場にして開催したことに始まります。当時、キャリア教育の推進を目指していた先生方が全国から集まり、キャリア教育の実践を持ち寄って熱い思いで研究協議を行い、初めて取り組むファシリテーションのワークショップに力を注いでいました。また、研究会の発足に先立ち、平成20～21年に研究所においては、『知的障害教育におけるキャリア教育の在り方に関する研究～「キャリア発達段階・内容表（試案）」に基づく実践モデルの構築を目指して～』の先行研究が行われ、特別支援教育におけるキャリア教育の推進・充実に向けた全国への情報発信が行われてきました。

　一方で全国的な動向としては、平成21年の特別支援学校高等部学習指導要領の改訂において、総則の中で始めて「キャリア教育の推進」という文言が使われたことにより、全国各地の特別支援学校で「キャリア教育の推進」を掲げる学校が急増してきた時期でもありました。また、平成23年は「今後の学校におけるキャリア教育・職業教育の在り方について」（答申）が中央教育審議会から出された年でもありました。

　さらに、平成25年からは筑波大学名誉教授の渡辺三枝子先生の全面的なご支援を受けながら「キャリア発達支援研究会」としてスタートし、今年で第7回を迎え、全国各地から多くの先生方が実践を持ちより情報共有する研究会として充実・発展してきました。

　今回の学習指導要領の改訂で、「主体的・対話的で深い学び」という文言などが示され、主体者としての児童生徒の側からの視点に重きを置かれたことは大きな転換です。そして、深い学びを引き出すための「カリキュラム・マネジメント」としての改革的意図の必要性、さらに、「社会に開かれた教育課程」という視点から学校と社会が目標を共有することにも言及しています。これらの視点は、まさにキャリア教育の理念そのものでもあります。個の社会的・職業的自立に向けた発達を促すためには、今を生

きる子供たちと社会との関係を学校という枠組みを超えた中での取組が求められています。

この「キャリア発達支援研究6」では、「小・中学校等における多様な個のニーズに応じたキャリア教育」をテーマとし、学びの連続性の視点からもキャリア発達支援の在り方を考えることとしました。そこで、小・中学校における特別支援学級や通常の学級に在籍しながら一部特別な指導を受ける、通級による指導について、全国特別支援学級・通級指導教室設置学校長協会会長の山中ともえ先生にご寄稿いただきました。また、明星大学の中田正敏先生には、現在大きな課題になっている高等学校に在籍する障害等による困りのある生徒への指導・支援や高校教育の在り方についてご寄稿いただきました。両先生には、ご多忙の中ご寄稿いただきましたことに、心より感謝申し上げます。

共生社会の実現に向けたインクルーシブ教育システムが充実・発展することによって、学校種別を超えた指導及び支援の連続性と学びの連続性が可能になると考えます。各地のキャリア発達支援の取組を学校種別を超えて紹介することも、本研究会の役割でもあります。多様な事例に共通する視点としてのキャリア発達支援が、今後益々重要な意味をもつものと思います。是非、本誌を読まれた皆様方からの忌憚のないご意見とご指導をいただけたら幸いと思っております。

本誌の発行にあたり、企画から編集までご協力いただきましたキャリア発達支援研究会の会員の皆様、研究会の設立当初から発刊に至るまでご尽力いただきました株式会社ジアース教育新社の加藤勝博社長はじめ、ご協力いただきました皆様方に心より感謝申し上げます。

　　　　　　　　　令和元年 12 月
　　　　　　　　　キャリア発達支援研究会　会長　森　脇　　勤

# Contents

巻頭言 　　　　　　　　　　　　　　　　　　　　　森脇　　勤 ····· 2

# 第Ⅰ部　小・中学校等における　多様な個のニーズに応じたキャリア教育

提言1　小・中学校におけるキャリア発達支援について
　　　　〜特別な配慮を必要とする児童生徒のキャリア教育〜　　山中ともえ ····· 8

提言2　高等学校におけるキャリア発達支援
　　　　〜対話というコンセプトを軸に考える〜　　　　　　　　中田　正敏 ····· 14

# 第Ⅱ部　座談会

これからのキャリア教育を展望する
　　　　　　　　　　　　　　　　　森脇　勤・木村　宣孝・丹野　哲也 ····· 21

# 第Ⅲ部　論説

1　社会に開かれた教育課程とキャリア発達支援　　　　　　　　松見　和樹 ····· 38

2　育成を目指す資質・能力とキャリア発達支援　　　　　　　　清水　　潤 ····· 44

3　主体的・対話的で深い学びとキャリア発達支援　　　　　　　菊地　一文 ····· 50

4　カリキュラム・マネジメントとキャリア発達支援　　　　　　武富　博文 ····· 56

# 第Ⅳ部　第6回大会より

第1章　テーマ別ディスカッション「キャリア発達支援と新学習指導要領のキーワード」

　A　社会に開かれた教育課程　　　　　　　　　　　　　　　　湯田　秀樹 ····· 66

　B　育成を目指す資質・能力　　　　　　　　　　　　　　　　川島　民子 ····· 68

　C　主体的・対話的で深い学び　　　　　　　　　　　　　　　鈴木　雄也 ····· 70

　D　カリキュラム・マネジメント　　　　　　　　　　　　　　岸本　信忠 ····· 72

第2章　シンポジウム

　1　児童生徒のキャリア発達を促す実践

　コラボ教室の取組　　　　　　　　　　　　　　　　　　　　　岡田　克己 ····· 78

　道徳科の授業におけるASDの生徒の『内面の育ち』　　　　　浅沼由加里 ····· 80

　学校全体で、困ったときに相談する力を育てる　　　　　　　　岡本　　洋 ····· 82

まとめ　　　　　　　　　　　　　　　瀧田美紀子 ･････ 84

2　教職員のキャリア発達と組織マネジメント

ゴールを設定して教員個々のキャリア発達を促す！
基軸は授業者支援会議　　　　　　　　　　　逵　　直美 ･････ 86

教員のキャリア発達を促すチーム三原の取組　　広兼千代子 ･････ 88

キャリア教育研究校における教員のキャリア発達　年光　克水 ･････ 90

まとめ　　　　　　　　　　　　　　　　太田　容次 ･････ 92

# 第Ⅴ部　実践

## 1．キャリア発達支援を促す実践

1　生徒が目的意識を持ち、「考える」作業学習を目指して
　～木工製品の注文販売及び「木工教室」の取組を通して～　若松　亮太 ･････ 96

2　特別支援教育で「音楽」ができること～キャリア発達の視点から～　林　尚美 ･････ 100

3　ことばの教室が取り組む、本人の思いを大切にしたキャリア発達支援
　～子どもの思いから自分らしい生き方につなげる実践～　坂本　司良 ･････ 104

4　産業技術コース　ビルクリーニングで言語能力を育む取組　小西　夏 ･････ 108

## 2．教職員のキャリア発達と組織マネジメント

5　地域と学校が共に育つ学校づくり
　～地域の力を借りたカリキュラム・マネジメント～　筧　　薫 ･････ 113

6　進路に関わらない教員への職業リハビリテーション基礎研修実施による
　教育効果に関する研究―自由記述の質的分析の観点から―　山口明日香 ･････ 117

7　教師の「見方・考え方」を豊かにし、教師自身のキャリア発達を促す
　校内研修の在り方　　　　　　　　　　　柳川公三子 ･････ 123

8　特別支援教育に関わる教員の専門性向上に関する研究
　―遠隔連携システムの全期間及び年度ごとの発話データの分析から―　太田　容次 ･････ 127

# 第Ⅵ部　資料

「キャリア発達支援研究会第6回大会」記録　･････････････････････････ 131

編集委員

執筆者一覧

# 第 I 部

# 小・中学校等における
# 多様な個のニーズに応じた
# キャリア教育

　第 I 部では、「小・中学校等における多様な個のニーズに応じたキャリア教育」
と題して、「小・中学校におけるキャリア発達支援」については山中ともえ氏に、
「高等学校におけるキャリア発達支援」について中田正敏氏に提言していただ
く。

第Ⅰ部　小・中学校等における多様な個のニーズに応じたキャリア教育

# 小・中学校における
# キャリア発達支援について
~特別な配慮を必要とする児童生徒のキャリア教育~

全国特別支援学級・通級指導教室設置学校長協会　会長　山中　ともえ

## 1　はじめに

　キャリア教育とは、「一人一人の社会的・職業的自立に向け、必要な基盤となる能力や態度を育てることを通じて、キャリア発達を促す教育」であり、キャリア発達とは、「社会の中で自分の役割を果たしながら、自分らしい生き方を実現していく過程」とされている。

　これまでも、学習指導要領等において、キャリア教育の必要性については示されており、国立教育政策研究所から、平成21年には小学校と中学校のキャリア教育推進のためのパンフレットが作成された。また、平成23年1月には、中央教育審議会から、「今後の学校におけるキャリア教育・職業教育の在り方について（答申）」が取りまとめられた。これに従って、各都道府県教育委員会や市町村教育委員会においても研究や研修がすすんできた。学校ごとに、キャリア教育の全体計画や年間指導計画を作成するなどして取り組まれている。

## 2　新学習指導要領への位置付け

　令和2年度から全面実施される小学校学習指導要領、令和3年度から実施される中学校学習指導要領では、総則に「キャリア教育」という文言が用いられ、発達段階に応じたキャリア教育の充実が重要であることが示されている。

> 第1章総則　第4　児童の発達の支援　1　児童の発達を支える指導の充実（小学校）
> (3) 児童が、学ぶことと自己の将来とのつながりを見通しながら、社会的・職業的自立に向けて必要な基盤となる資質・能力を身に付けていくことができるよう、特別活動を要としつつ各教科等の特質に応じて、キャリア教育の充実を図ること。

> 第1章総則　第4　生徒の発達の支援　1　生徒の発達を支える指導の充実（中学校）
> (3) 生徒が、学ぶことと自己の将来とのつながりを見通しながら、社会的・職業的自立に向けて必要な基盤となる資質・能力を身に付けていくことができるよう、特別活動を要としつつ各教科等の特質に応じて、キャリア教育の充実を図ること。その中で、生徒が自らの生き方を考え主体的に進路を選択することができるよう、学校の教育活動全体を通じ、組織的かつ計画的な進路指導を行うこと。

【課題】

　新学習指導要領では、学校教育においてキャリア教育の理念が浸透してきている一方で、次

のような課題が指摘されている。
・これまで学校の教育活動全体で行うとされてきた意図が十分に理解されず、指導場面が曖昧にされている。
・「進路指導」との混同により、特に進路に関連する内容が存在しない小学校においては、体系的に行われてこなかった。
・将来の夢を描くことばかりに力点が置かれ、「働くこと」の現実や必要な資質・能力の育成につなげていく指導が軽視されていたりするのではないか。

【キャリア教育の展開】

　上述した指摘を踏まえ、各学校においては、キャリア教育を効果的に展開していく必要がある。そのためには、特別活動の学級活動を要としながら、総合的な学習の時間や学校行事、道徳科や各教科における学習、個別指導としての教育相談等の機会を生かしつつ、学校の教育活動全体を通じて、体系的な取組が重要になる。

　将来の生活や社会と関連付けながら、見通しをもったり、振り返ったりする機会を設けるような授業改善も必要である。

## 3　特別活動を要とした取組<br>（小学校を中心に）

　今回の改訂では、小学校の特別活動にキャリア教育の視点が位置付けられたが、これまでも学級活動の中で行われてきた学習や活動が、中学校以降のキャリア教育につながっていくことを考慮したものである。

　特別活動として実施していく際には、学校教育全体で行うキャリア教育の要としての役割を担うことが位置づけられた趣旨を踏まえ、キャ

リア教育が学校教育全体を通して行うものであるという前提のもとに取り組むことが大切である。また、小・中・高等学校のつながりが明確になるよう整理されたことを踏まえ、小学校であっても、中学校、高等学校へのつながりを考慮しながら、小学校段階として適切なものを内容として設定することも大切である。

---

第6章特別活動　第2各活動・学校行事の目標及び内容　［学級活動］　2内容
(3)　一人一人のキャリア形成と自己実現
　ア　現在や将来に希望や目標をもって生きる意欲や態度の形成
　　学級や学校での生活づくりに主体的に関わり、自己を生かそうとするとともに、希望や目標をもち、その実現に向けて日常の生活をよりよくしようとすること。
　イ　社会参画意識の醸成や働くことの意義の理解
　　清掃などの当番活動や係活動等の自己の役割を自覚して協働することの意義を理解し、社会の一員として役割を果たすために必要となることについて主体的に考えて行動すること。
　ウ　主体的な学習態度の形成と学校図書館等の利用
　　学ぶことの意義や現在及び将来の学習と自己実現とのつながりを考えたり、自主的に学習する場としての学校図書館等を活用したりしながら、学習の見通しを立て、振り返ること。

---

　「キャリア形成」とは、社会の中で自分の役割を果たしながら、自分らしい生き方を実現していくための働きかけ、その連なりや積み重ね

である。これからの学びや生き方を見通し、これまでの活動を振り返るなどして自らのキャリア形成を図ることは、重要な課題である。学級活動に関する内容には、次のようなものがある。

### ア　現在や将来に希望や目標をもって生きる意欲や態度の形成

　この内容は、児童が自分自身の興味・関心やよさなどの個性を理解し、将来に明るい希望や目標をもって現在及び将来の生活や学習に進んで取り組み、自己のよさや可能性を生かそうとする意欲や態度を育てることが示されている。具体的には、学級や学校生活に希望や目標をもち、日常生活での不安や悩みの解決に向けた個人の目標を設定したり、個性の伸長を図るために自己を理解したりして、よりよく意思決定できるようにすることが考えられる。また、児童の思いや保護者の願い、教師の思いを盛り込んだ学級目標の実現を目指し、児童一人一人がこれからの学習への取り組み方や生活の仕方などについて意思決定をする内容も考えられる。

### イ　社会参画意識の醸成や働くことの意義の理解

　この内容は、働くことの意義を理解することや、多様性を認め合いながら、力を合わせて働いたり、学級や学校の生活の向上に貢献したりする喜びを実感すること、また、現在及び将来において所属する集団や地域の中で、その一員として責任や役割を担うことなど、社会参画意識の醸成につなげていくものとして示されている。児童にとって学級は最も身近な社会であり、学級での集団活動に主体的に参画することは、地域や社会への参画、社会貢献につながる。

　具体的には、学級全員で分担する清掃や給食、交替しながら行う日直、飼育、栽培等の当番活動や係活動、学校内外でのボランティア活動など、学級、学校や地域のために一生懸命働く活動が考えられる。日常の積み重ねを通してキャリア教育の一環として働くことの大切さや意義を理解させていくことは、学級・学校生活の向上に寄与する活動などの充実につながるとともに、公共の精神を養い、望ましい勤労観・職業観、社会性の育成を図ることにもつながる。

### ウ　主体的な学習態度の形成と学校図書館等の活用

　この内容は、学ぶことに興味や関心をもち、自ら進んで学習に取り組むことや、自己のキャリア形成と関連付けながら、見通しをもって粘り強く取り組むこと、学習活動を振り返って次に生かす主体的な学びの実現に関わるものとして示されている。また、様々な情報が得られ、自主的な学習を深める場としての学校図書館の効果的な活用や、日常の読書指導との関連などにも関わるものである。

　学習することの楽しさや価値に気付き、学習の見通しや振り返りの大切さを理解したり、学校図書館等を日々の学習に効果的に活用するなど、自分に合った効果的な学習の方法や、学ぶことが将来の自己実現にどうつながっていくかについて考えたりして、主体的に学習することができるようにすることなどが考えられる。また、こうした過程を通して、生涯にわたって主体的に学び続けようとする態度を養うことなどが考えられる。

## 4　特別支援学級におけるキャリア教育

　小・中学校には、特別支援学級が設置されており、「特別の教育課程」の下に教育活動が行

われている。特別支援学級で指導を受ける児童生徒は年々増加し、特に、自閉症・情緒障害特別支援学級で学ぶ児童生徒が、知的障害特別支援学級で学ぶ児度生徒より多くなっており、障害特性に応じたキャリア教育の在り方を検討する必要がある。

特別支援学級においては、前述した小・中学校の新学習指導要領に基づいた教育活動が行われている。児童生徒の障害の状態に応じたキャリア教育を効果的に展開していくためには、通常の学級と同様に計画的に実施していくことが大切である。これまでも、特別支援学級では、障害の特性を考慮しながら、将来、社会の中で自分の役割を果たし、自分らしい生き方を実現する力を付けるための指導を重視して行ってきた。特に、特別支援学級では、小・中学校学習指導要領に加え、特別支援学校学習指導要領を参考にして、特別の教育課程を編成することが可能であるため、様々な取組が工夫されてきた。知的障害のある児童生徒の教育課程を編成する場合には、知的障害のある児童生徒のための指導の形態の一つである各教科等を合わせた指導をよく理解した上で、キャリア教育を実施したい。単なる職業教育や就職のための指導ということではなく、本人の願いや意思決定を大切にするとともに、一貫性や系統性のあるキャリア教育を行っていく必要がある。

## （1）各教科等を合わせた指導

全国特別支援学級・通級指導教室設置学校長協会で行った全国調査（平成30年度）によると、各教科等を合わせた指導は、学校数として次のような割合で実施されていた。

|  | 日常生活の指導 | 遊びの指導 | 生活単元学習 | 作業学習 |
|---|---|---|---|---|
| 小学校 | 63.0% | 18.9% | 84.4% | 18.9% |
| 中学校 | 49.5% | 12.5% | 70.8% | 71.0% |

小・中学校特別支援学級で実施されている指導形態の割合表

小学校では生活単元学習が8割以上の学校で実施され、中学校では作業学習が7割以上の学校で実施されており、各教科等を合わせた指導の内容を考えると、これらの指導とキャリア教育を位置付けていく実践は多く、妥当であると言える。上の4つの指導の形態から、特に、キャリア教育と関連して、代表的な3つの指導の形態について考えたい。

## ア　生活単元学習

特別支援学校学習指導要領解説
・児童生徒が生活上の目標を達成したり、課題を解決したりするために、一連の活動を組織的に経験することによって、自立的な生活に必要な事柄を実際的・総合的に学習するものである。
・広範囲に各教科等の内容が扱われる。
・児童生徒の学習活動は、生活的な目標や課題に沿って組織されることが大切である。

生活単元学習として行われる活動として、買い物学習や校外学習、行事に関連した学習等があるが、キャリア教育の視点で考えていくと、それぞれの活動が社会に必要なルールやソーシャルスキルを学ぶことや、公共の交通機関でのルールを守ること、地域で働く人を意識すること、集団活動や人とのかかわり方を身に付けることを通して、自己肯定感や人間関係を形成していく力などを高めたい。

第Ⅰ部　小・中学校等における多様な個のニーズに応じたキャリア教育

### イ　作業学習

> 特別支援学校学習指導要領解説
> ・作業活動を学習活動の中心にしながら、生徒の働く意欲を培い、将来の職業生活や社会自立に必要な事柄を総合的に学習するものである。
> ・単に職業・家庭科の内容だけではなく、各教科等の広範囲の内容が扱われる。
> ・作業学習で取り扱われる作業活動の種類は、農耕、園芸、紙工、木工、縫製、織物、金工、窯業、セメント加工、印刷、調理、食品加工、クリーニングなどのほか、販売、清掃、接客なども含み多種多様である。

　作業学習として行われる活動は、様々な作業を中心とするものや、職場見学、就労体験などがある。実際に職業に直結していく内容が多いが、キャリア教育の視点では、単なる職業教育や就職のための指導としてではなく、これらの活動を通して、情報を活用する力や自分で意思を決定する力を育てたい。

### ウ　日常生活の指導

> 特別支援学校学習指導要領解説
> ・児童生徒の日常生活が充実し、高まるように日常生活の諸活動を適切に指導するものである。
> ・生活科の内容だけでなく、広範囲に、各教科等の内容が扱われる。それらは、例えば、衣服の着脱、洗面、手洗い、排泄、食事、清潔など基本的生活習慣の内容や、あいさつ、言葉遣い、礼儀作法、時間を守ること、きまりを守ることなどの日常生活や社会生活において必要で基本的な内容である。

　日常生活の指導として行われる活動は、朝や帰りの会、係活動、清掃など、毎日の積み重ねで学習していく内容が多い。キャリア教育の視点では、最後までやり通そうとすることや仕事の手順を理解することなどを通して、役割を認識する力や計画を実行する力を身に付け、自尊感情などを高めたい。

### （2）職場体験・職場実習

　中学校で多く実施されている職場体験や職場実習は、特別支援学級の場合、実習場所の確保等の面から、通常の学級と一緒に実施する場合もある。特別の教育課程を編成している場合は、他の教科等と合わせて、作業学習として位置付けられることが多い。

　体験を通して身近で働く人々に興味・関心をもち、さらには、職場の方針やルールを踏まえて働くことを意識させるなど、キャリア教育の視点で発達段階を考慮した計画が大切である。生徒の職業適性等を明らかにし、職業生活や社会生活への適応性を養うことを意図して実施するとともに、各教科等の広範な内容と関連させることにも留意する。

　実施に当たっては、保護者、事業所及び公共職業安定所などの関係機関等との密接な連携を図り、綿密な計画を立てることが大切である。

## 5　通級による指導におけるキャリア教育

　通常の学級に在籍しながら、障害の状態に応じて一部特別な指導を受けることができる通級による指導は、発達障害のある児童生徒の増加に伴い、今後、さらに増加していくことが見込まれる。

通級による指導では、教科等の学習は通常の学級で行い、特別支援学校学習指導要領にある自立活動を行うことにより、障害の状態の改善を図るものである。しかし、通常の学級で多くの生活をしていることから、自己理解を深めることや自分に合った生き方を模索することが困難な状況にある児童生徒も多い。自立活動の中で、自己実現に向けたキャリア発達支援を行っていくことは大切である。

## ○自立活動

特別支援学校学習指導要領第7章自立活動
1　健康の保持
2　心理的な安定
3　人間関係の形成
4　環境の把握
5　身体の動き
6　コミュニケーション

児童生徒の状態によって、自立活動の区分・項目を踏まえた具体的な内容を組み合わせて個別の指導計画を作成し、個別指導や小集団指導を実施している。通級指導を受けている児童生徒は、人間関係の形成に困難さを感じ自信を失っていたり、自己理解が進まず悩みを抱えていたりする場合も多い。

自立活動の中でも、他者の意図や感情の理解に関することや状況に応じたコミュニケーションに関すること、自己の理解と行動の調整に関することや障害の特性の理解と生活環境の調整に関すること、作業に必要な動作と円滑な遂行に関することなどは、自己の生き方や生活を考え、前向きに将来を設計しようとする、キャリア教育として考えることもできる。

通級指導の時間は限られており、通常の学級での課題を取り上げ、通級指導で行ったことが、さらに、通常の学級で般化され、通常の学級のキャリア教育と連動していくようにしたい。進路相談として、本人や保護者、通常の学級担任等との面談を通し、本人の意思を大事にした指導が必要である。

### 参考文献

・小学校学習指導要領（平成29年告示）解説　総則編・特別活動編
・中学校学習指導要領（平成29年告示）解説　総則編・特別活動編
・特別支援学校教育要領・学習指導要領解説　自立活動編
・「特集Ⅰキャリア教育の推進、特集Ⅱ特別活動」『初等教育資料2』No.977、東洋館出版
・文部科学省編著（2018）「障害に応じた通級による指導の手引―解説とQ&A」海文堂
・丹野哲也監修、全国特別支援学級設置学校長協会（2015）「特別支援学級だからこそできること」東洋館出版
・菊地一文（2016）「気になる子のためのキャリア発達支援」学事出版
・「知的障害特別支援学校におけるキャリア教育の推進」東京都教育委員会（平成21年）

# 高等学校におけるキャリア発達支援
## ～対話というコンセプトを軸に考える～

明星大学教育学部教育学科　特任准教授　中田　正敏

## 1　はじめに

　高等学校の現場で様々な課題を抱えた生徒たちと接し、生徒との対話的な関係性の中で支援が共同構成されるという方略でインクルーシブな学校づくりのマネジメントをしている頃に、キャリア教育、キャリア発達支援という新しいコンセプトが打ち出されてきた。

　高等学校の実践を踏まえた理論化の延長線に「外部人材」を包摂する中で高等学校でのキャリア発達支援の発展がある。インクルーシブな高等学校という文脈の中にキャリア発達支援を位置付けることにより実質的な展開が可能になると考える。

## 2　インクルーシブな学校づくりという文脈

　国連障害者権利条約委員会の「インクルーシブ教育の権利に関する一般的意見第4号（2016）」は、インクルーシブ教育に関して権利、原則、手段、学校の変革を伴うプロセスとして次のように定義されている。①「すべての学習者の基本的権利」である。②これを踏まえ、その原則は「すべての生徒の幸せ（well-being）を重視すること、その生徒たちの固有の尊厳と自律を尊重すること、諸個人のニーズや、効果的に社会に参加し貢献する諸能力を認めること」としている。③そのうえで、様々な領域での「人権を実現する手段」として、具体的には、「障害のある人たちが貧困から離脱することができ、自分自身のコミュニティに全面的に参加し、さらに、搾取からの保護されるための主要な手段」として規定し、それが「インクルーシブな社会を実現する主要な手段」につながるとしている。④最後に、それは、「教育への権利を阻害する障壁を除去することへの持続的で事前対処的な関与のプロセスの結果」であるとし、「すべての生徒たちのための環境を変更・調整し、効果的に包摂するために、通常の学校の文化、方針、実践の変革を伴うもの」としている。

　尚、すでに2009年に高等学校ワーキンググループ報告「高等学校における特別支援教育の推進について」において、「高等学校では発達障害による困難以外にも様々な課題を抱えている生徒がいる」ことが指摘され、「組織として生徒や保護者からの相談への対応が可能な体制の整備」があって初めて「特別支援教育の体制の充実」につながることが指摘されている。この論点も、サラマンカ宣言の行動大綱の「多くの子どもたちは学習の困難さを経験しており、

それゆえ、学校教育を受けている期間のいつでも誰かが「特別な教育的ニーズ」をもっている」という論点と合わせて、インクルーシブ教育、組織的にはインクルーシブな学校づくりの枠組みの中での位置づけなおし、その文脈の中で高等学校におけるキャリア発達支援を構想することが必要である。（第1節の引用文中の強調は中田）

## 3 キャリア教育の定義をめぐる問題
### ～定義に対話が含まれていない～

「初等中等教育と高等教育との接続の改善について（中教審答申）」（1999）では、「新規学卒者のフリーター志向」が広がっていることに着目し、高等学校卒業者では、「進学も就職もしていないことが明らかな者の占める割合」や「新規学卒者の就職後3年以内の離職」の件数のかなりの数に及ぶことが「学校と社会及び学校間の円滑な接続を図る」課題と結びつけられて、「キャリア教育」が位置付けられた。「キャリア教育の推進に関する総合的調査研究協力者会議報告」（2004）では、キャリアについて「個々人が生涯にわたって遂行する様々な立場や役割の連鎖及びその過程における自己と働くことの関係付けや価値付けの累積」として捉え、キャリア教育については、「児童生徒一人一人のキャリア発達を支援し、それぞれにふさわしいキャリアを形成していくために必要な意欲・態度や能力を育てる教育」とし、その意義としては「一人一人のキャリア発達や個としての自立を促す視点」から「従来の教育の在り方を幅広く見直し、改革していくための理念と方向性を示すものである」としている。

「今後の学校におけるキャリア教育・職業教育の在り方について（中教審答申）」（2011）では、「人は、他者や社会とのかかわりの中で、職業人、家庭人、地域社会の一員等、様々な役割を担いながら生きている。これらの役割は、生涯という時間的な流れの中で変化しつつ積み重なり、つながっていくものである。また、このような役割の中には、所属する集団や組織から与えられたものや日常生活の中で特に意識せず習慣的に行っているものもあるが、人はこれらを含めた様々な役割の関係や価値を自ら判断し、取捨選択や創造を重ねながら取り組んでいる。人が、生涯の中で様々な役割を果たす過程で、自らの役割の価値や自分と役割との関係を見いだしていく連なりや積み重ねが「キャリア」の意味するところである。このキャリアは、ある年齢に達すると自然に獲得されるものではなく、子ども・若者の発達の段階や発達課題の達成と深くかかわりながら段階を追って発達していくものである。また、その発達を促すには、外部からの組織的・体系的な働きかけが不可欠であることも指摘されている。キャリア教育は、一人一人の発達や社会人・職業人としての自立を促す視点から、変化する社会と学校教育との関係性を特に意識しつつ、学校教育を構成していくための理念と方向性を示すものである。」（文中の強調は中田）

このキャリア発達支援に関する記述では、学校を変革するという展望や働きかけの重要性に関する点などが第1節で挙げたインクルーシブ教育という論点との関連で示唆的である。ところで、「キャリアは単なる連続や累積」ではなく、

「将来展望によって過去を再構成し、現在を再構成すること」がキャリアに含まれており、実践を通して概念を明確にすべきであるという指摘がある。[1]

従来のキャリア教育の捉え方では、高等学校でキャリア発達支援等の実践で必ず出会う葛藤やコンフリクトや、そうした場合に必ず機能を発揮する対話というコンセプトもあまり取り上げられることはない。高等学校において、生徒が主体的に取り組むことを教職員やその他のスタッフが対話的な関係性の中での実践の中で、キャリア発達を把握するコンセプトを豊富にしていくことが重要である。

## 4　様々な対話的な関係性の転換による高等学校の組織文化の変革

支援の体制整備についてはコーディネーターの指名や校内委員会の設置等のフォーマルなものが構想されがちであるが、組織文化の変革がないと形骸化しやすい。

生徒の危機的な状況からの離脱が可能となり、そのような取り組みが重ねられることによって支援の組織文化が機能し、インクルーシブな学校づくりが推進される。

この節では高等学校における教職員と生徒のあいだの対話的関係性の転換のプロセスを明らかにしたい。[2]

### 【関係性の第1レベル】

学校における教職員と生徒との関係性であるが、教職員はどのような媒介をとおして生徒を見ているかによってその関係性は大きく左右される。例えば、朝の遅刻指導の場面で遅刻をし、教職員の注意にも耳を傾けない生徒がいるとする。その生徒は、進路の面談の場面でも、将来どうするかという話に耳を傾けていない。どうでもいいという発言を繰り返す生徒は、実に「困った生徒」である。こうしたフォーマルな指導の枠組みに入ってこない生徒たちがいる。こうした現象については、生徒を対象化する際、ある媒介（レンズ）が使われ、標準的な尺度をとおして標準からのズレが捉えられ、「困った生徒」として対象化されている。これを関係性の第1レベル（図1）とする。

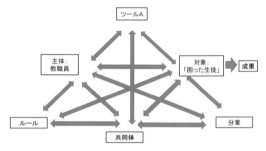

**図1　教職員と生徒の関係性における第1レベルの活動システム**

この局面の関係性について、スクリプト（台本）というコンセプトに着目することが重要である。スクリプトとは「書かれたルール、計画、指示という形で成文化されたり、あるいは暗黙のうちに身に付けられた伝統として人に刻み込まれているもの」であり、このスクリプト自体について、「人は疑問をもつこともなく、また、何らの検討を加えることもないことが多い」ために、「多くの場合、人を背後からコーディネートする」のである。スクリプトから逸脱した生徒はネガティブトークで語られる。尚、図1との関係でいえば、スクリプトとは、ツールやルール、さらに分業、キャリア教育でのキーコンセ

プトの「役割」などを含めて構成されている。(3)

## 【関係性の第2レベル】

しかし、日常的な場面で「明日は遅刻するなよ」とインフォーマルなコミュニケーションの中では、生徒が「覚えてくれていたの?」という応答があり、その対話の中で、「本当は今の生活を何とかしたい」、「本当は就職したいのだが、どうしたらよいか、何から始めたらよいかがわからない」という話の中では、「別に今のままでいいんじゃねえの?」という声と「さすがに今のままではマズイっしょ?」という声が相克していることに気づくこともある。葛藤、コンフリクトに気づいた瞬間、教職員の内部でも、これまで対象化されてきた生徒像の何かが壊れる。何か大変なものを抱えていることへの気づきが起こり、この生徒からもっと話を聞く動機、この生徒について他の教職員の話を聞いたりする動機が生じる。対話的な関係性の中で背景がわかってくる。この局面では、「困っている生徒」としての発見があるのだが、「困った生徒」であるとの側面も消えるわけではなく、不安定な状況に置かれることになり、教職員も一種のコンフリクト状態に置かれる。これが関係性の第2レベル（図2）である。

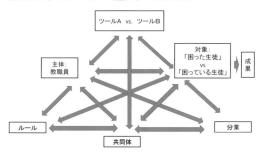

**図2　教職員と生徒の関係性における第2レベルの活動システム**

この局面の関係性で着目したいのが、教職員の生徒への感情移入である。感情移入は、同情が意味する「誰かを哀れに思う感情、誰かが抱えている問題を理解して気にかけていることを示すこと」というものとは異なり、「他者の感情や経験などを理解する能力」、「自分がその他者の立場だったらどうするだろうかと想像することができることで他者の感情や経験を共有する能力」である。

## 【関係性の第3レベル】

「困った生徒」について、互いにインフォーマルなコミュニケーションをしていると、話の中にいくつかの転換があることに気づく。あの生徒にも困ったものだという愚痴めいた話しから始まることがよくある。話し手は困っている顔をしている。第1レベルである。しかし、話は生徒指導の枠組みやキャリア支援の枠組みに留まらず、あの生徒は大変な環境の中で頑張っているし、尊敬できる一面もあることが話題となることがある。話し手は明るい顔で語る。とは言え、何とかしなくてはいけないという話と、いいところもあるとする話と折り合いをつけなくてはならない。さらにその話が、その生徒とは今どうしているのか、に話題に及ぶと、その生徒と共に将来のことをいろいろ考えていて、生徒と対話する中で方略を練っているという話が出ることがある。

この状況では、生徒は対象の位置にはいない。担任の教職員と共に主体としての「私たち」を構成し、これから先の学校生活や卒業後の生活を対象として据えて考えていこうとしている。対象について考える中で計画やツール、ものの

見方などの媒介をいろいろと考え出す構図になる。これを関係性の第3レベル（図3）とする。

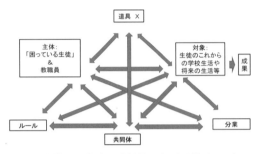

**図3　教職員と生徒の関係性における第3レベルの活動システム**

こうした第3レベルであっても、実際に辿るプロセスは紆余曲折に富み、新たに混乱の時期もあり、緊張感のある対話を経過する時期もある。しかし、危機的な状況における緊張感のある対話は解決の方向性の中で起こるものであるために、やや長期的に見ると、教職員や生徒の双方のキャリア発達に繋がることもある。そうしたものが蓄積されていくことになる。また、第3レベルから振り返ることで、これまでの生徒を対象化してきた媒介が、実は様々な可能性を制約してきたことに、さらには、これに気づかなかったら本当にあぶないところだったことに初めて気づき、それが関わり手のキャリア発達に繋がるのである。

**【オン・ザ・フライ・ミーティング】**

教職員の間の対話の組織文化があると、第1レベルの関係性や第2レベルの関係性から脱却することも可能であるが、教職員のあいだでそれが不足していたり、欠落していたりすると、フォーマルな標準的な尺度が優先されがちとなり、第1レベルに退却することが多くなる。

教職員同士の関係性は、フォーマルな校内委員会やケース会議などでも見られるが、定型的なルールがある場合等では一定の制約性が現実的にはある。フォーマルなコミュニケーションの場については、座席（シート）に腰をかける形態に着目して「オン・ザ・シート・ミーティング」との表現があるが、その限界性を越えるために「オン・ザ・フライ・ミーティング」というインフォーマルなコミュニケーションがある。フライ（飛び回る）とは、柔軟に相手を変えて、すばやく行う立ち話を表現する意味である。

生徒の抱えている困難に気づいた教職員がそれを同僚に話す場合に、その生徒の立場を代弁する局面が多くなる。こうしたプロセスを重ねていくと、主体としての「私たち」の成立が拡大してくる。また、実際に、それぞれの生徒の抱えている問題については、それぞれの教職員はこれまでの経験の中で、関係性の第1、第2、第3レベルのどこかに位置していたことがある。この意味で多様なレベルにいる教職員の間でのオン・ザ・フライ・ミーティングにより第3レベルへの方向性がしだいに見出されてくる。こうした動きが学校組織内で繰り返されることにより、ある問題をめぐる温度差として現れるものが次第に解決されていき、インクルーシブな方向性で組織文化が変化していく。

定型的なルールのないインフォーマルなコミュニケーションは、定型化・標準化のプロセスの中で漏れ落ちる部分を確実に確保して支えることにつなげるために不可欠である。

## 5 高等学校における
## キャリア発達支援の取り組み
### ～現在進行中の独自の2つの取り組み～

オン・ザ・フライミーティングへ参加することで、「私たち」は対話の中で必要とされる支援が構想されていく中で、校内資源だけでは不十分であり、校外の資源を必要とする状況が生まれることもある。高等学校内の資源で対応できないことは無理であり想定外であるとするような障壁があると、支援が成立しないことになる。それができさえすれば将来の展望につながることがそうはいかないという局面もある。

具体的なプロセスに即して述べてみたい。教職員による支援が充実すると、退学者が減少するが、卒業時に進路未決定者の数はそう簡単には減らない。この課題に対応するためのキャリア支援センターを高等学校内に設置する取り組みが生まれた。中退した生徒や卒業時には就職していたのだがその後離職した生徒は社会で困難に出会うと高等学校を訪ねて来ることが多い。対話を重視した支援をすればするほど、顔見知りの教師を頼る状況は続く。しかし、教職員は現役の生徒との対話的な対応で限界であることが多い。本来ならば、ハローワークに行って相談をするのが筋ではあるが、困難を抱えている生徒ほどその筋を通して何とかするのは困難である様々な実状がある。したがって、高等学校内に顔見知りの人が高校生の頃から相談していて、卒業後も相談を続けるためにはキャリア支援センターの設置[4]が最も現実的で効果的な方略である。具体的には、キャリア支援ス

タッフは、管理職を長として教職員が事務局長を務め、就労支援の専門員としてスクールキャリアカウンセラーが配置され正規就労の可能性を追求する一方、NPOのスタッフが敷居の低い相談システムをつくり、多様な生徒に対応している。両方の取り組みにおいても対話は重視されている。

前者の具体的な取り組みは①働く心構えをつくるグループワーク、②就職希望者全員との個人面談、③ワークショップ、インターンシップ、④求人票公開から内的までの支援、⑤就職前のグループワークに加えて、通年にわたる取り組みとして、困窮家庭からの自立に向けた支援や卒業後のキャリア支援をしている。その業務を担当しているスクールキャリアカウンセラーは「学校が若者の学びや卒業後の安定的な雇用、社会参加を保障していくために、従来のキャリア教育の枠組みを超えて実質的効果を挙げて取り組みをさらに広げていける構想をもつ時期にきていることを指摘している。生徒との対話や教職員との対話を通してキャリア発達支援の拡張が求められている。県教育委員会もこうした取り組みを評価し、現在、県立高等学校10校にSCCの配置をする事業を展開している。[5]

後者のNPOの取り組みは、図書室での交流相談を切り口に、敷居の低い相談窓口の取り組みを展開してきたが、現在は校内居場所カフェの運営を通して、様々な困難を抱えた生徒たちが過ごせる空間を提供し、そこからさまざまな相談をすることができる回路を用意している。カフェは、①みんなの居場所であること、②開かれたコミュニケーション場であること、③

ルールが共同構成されていること、④協同的な場であるなど、インクルーシブな場である。[6]

　居場所カフェのカフェマスターは、生徒との他愛のない雑談が安心や期待という信頼貯金となり生徒の心の中の「信頼残高」となるとして、その残高があることで生徒は相談室を訪れてくれるという機能が居場所カフェにあり、卒業生が離転職に関する相談に訪れることもあるという話をしている。居場所カフェには、多くの地域の人たちがボランティアのスタッフとして参加している。カフェは、多様なロールモデルに出会い、「生きるストライクゾーン」を広げるという考えを提示している。[7]

　対話的な関係性の中で支援が生成されてくる文脈は、いわゆる外部資源の参画を誘発する。「私たち」の範囲は生徒と教職員に留まらない。教職員だけでなく、キャリア発達に関する他の専門のスタッフやNPOのスタッフ、ボランティアも参画することでキャリア発達支援は、生徒をはじめとして教職員、様々な支援スタッフを含む「私たち」はより拡張したかたちで実質的なものとなる。

## 引用

(1) 菊池武剋（2008）「キャリア教育とは何か〜キャリア教育概説」

(2) 中田正敏（2017）「高等学校におけるインクルーシブ教育〜インクルーシブな高校づくりの試み：「対話のフロントライン」を基点として〜」《授業づくりネットワーク》第333号）学事出版　中田正敏（2017）「支援ができる学校組織づくりの基点〜高等学校における気付く・支える・つなぐ活動について考える〜」《文部科学省・中等教育資料》平成29年7月号

(3) Yrjö Engeström（2008）FROM TEAMS TO KNOTS Activity-Theoretical Studies of Collaboration and Learning at Work（中田正敏訳）

(4) 中田正敏（2011）「高等学校における就職支援〜高等学校内に『キャリア支援センター』を設置する〜」《発達障害研究》 日本発達障害学会　33巻3号　中田正敏（2014）「高等学校におけるキャリア発達支援の現状と課題〜キャリア発達の支援ができる仕組みづくりについて〜」《発達障害研究》第36巻　3号

(5) 野坂浩美（2017）「高校生の就職率を高めるスクールキャリアカウンセリングの取り組み事例〜若者の職業への移行を支える公立普通科高校の実践報告〜」《キャリアデザイン研究》Vol.13

(6) 中田正敏（2019）「高等学校と校内居場所カフェ〜高等学校の組織文化への気づき」（『学校に居場所カフェをつくろう！〜生きづらさを抱える高校生への寄り添い型支援〜』明石書店所収）

(7) 石井正宏（2019）「生きるストライクゾーンを広げる」（『学校に居場所カフェをつくろう！〜生きづらさを抱える高校生への寄り添い型支援〜』明石書店所収

# 第II部

# 座談会

## これからのキャリア教育を展望する

　小学校及び特別支援学校小学部新学習指導要領が、令和2年度から全面実施となる。改訂において、今まで以上にキャリア教育の充実が求められていることから、「これからのキャリア教育を展望する」というテーマで、座談会を企画した。座談会には、東京都教育庁の丹野哲也先生にコーディネーターをお願いし、キャリア教育の広がりと本研究会の歩みを振り返りながら、今を考え、今後を展望した。

## 出席者

森脇　勤
キャリア発達支援研究会会長
京都市教育委員会指導部総合
育成支援課参与

木村　宣孝
キャリア発達支援研究会副会長
札幌大学地域共創学群教授

コーディネーター
丹野　哲也
キャリア発達支援研究会
東京都教育庁

## 企画趣旨

　学習指導要領が改訂され、令和2年度から小学校及び特別支援学校小学部において全面実施となる。今改訂で示された4つのキーワードの「育成を目指す資質・能力」、「社会に開かれた教育課程」、「主体的・対話的で深い学び」、「カリキュラム・マネジメント」と併せて、「キャリア教育の充実を図ること」も明記されている。

　障害者の権利に関する条約に批准して以来、様々な制度や法改正が成されてきた。共生社会の実現に向けたインクルーシブ教育システムの充実を図る上でも、特別支援教育の取組は、ますます重要性を増している。その中で、平成30年度から高等学校における通級による指導も制度化されるなど、通常の教育の場における特別支援教育の広がりも顕著である。

　「キャリア発達の視点」からは、幼児期、学校教育段階から卒業後の生活までを見通した生涯に渡る「時間軸」と、学ぶ、働く、暮らす等の役割の変化といった「空間軸」において、多様な学びの場が設定されるようになってきたからこそ生まれる新たな「環境との相互作用」によって、障害種別や障害の状態、障害の有無にかかわらず「キャリアは個々に」形成されていくものであると言える。多様な学びの場を「横軸」とした学校種別を超えた指導及び支援の連続性と学びの連続性について、本研究会の目的の一つでもある「キャリア発達支援に資する教育の充実と発展を図ること」をより一層充実させていくために、キャリア教育の理念を再確認しておく時期でもあると考える。

　そこで、今座談会では、上述したような背景とキーワードを中心に、改めて「これまでのキャリア教育」を振り返り、予測困難な時代における「これからのキャリア教育」について展望していきたい。

**丹野** それではこれからキャリア発達支援研究の座談会を始めさせていただきます。本日は、森脇会長と木村副会長のお二人にお越しいただきました。本座談会のテーマは「これからのキャリア教育を展望する」という大きなテーマをいただいております。座談会のキーワードとして、「連続した学び」や「深い学び」、「これからのキャリア発達支援」等がありますが、このキーワードに縛られることなくキャリア教育を展望していただければと思っております。せっかくの機会ですので、先生方の様々な知見をいただきたいと思います。新しい価値がこの座談会で創出できるように進行をしていきたいと思いますので、ご協力をお願いいたします。

## 1 教育改革とキャリア教育

**丹野** それでは、まず、これまでのキャリア発達支援研究会発足時の背景ですとか、キャリア教育の取組の様子などを振り返りながら、話を進めていきたいと思っております。森脇先生と木村先生の対話の中で、いろいろと我々も理解を深めていきたいと思います。それでは、森脇先生お願いします。

**森脇** はい、私がキャリア教育というものに出会った経過から、お話させていただきたいと思います。ちょうど、私が京都市立白河総合支援学校（以下、白河総合支援。）の校長になった平成15年は、京都市では職業学科を設置するための準備をしている時期でもありました。その背景には、雇用が非常に落ち込んでいたということが挙げられます。以前、白河総合支援で

は50％を超える就職率だったのが30％を切るような状況になっていたということ、さらに、もっと大事なことは生徒の高等部進学への目的意識自体が、非常にあいまいになりかけていたという時期でもあったと思います。そういう意味で職業学科を開設するということの意図を明確にし、働くことを目指す学校の在り方を考えておりました。当時、国ではニート・フリーター対策として若者自立・挑戦戦略会議というものが開かれ、その後「若者自立・挑戦プラン」が出されました。その中に「学びながら働く」、「働きながら学ぶ」という言い方で「デュアルシステム」が提案され、職業学科の目指すものとすごく重なったわけです。具体的にカリキュラムを考えていく上で、学校の中だけでは育てきれない部分を上手く表現している言葉として、とても新鮮で魅力的に思えました。デュアルシステムという発想は、企業と学校とが共に人材育成していくんだという理念ですね。その理念がすごく私の考えの中でマッチしたわけです。また、新しい学校を創る上で、先生方の意識を変え、学校の目指すべきものを教員間で共有するためのキャッチフレーズとして「デュアルシステム」という言葉が必要でした。一方で、若者自立・挑戦プランの中には、文部科学省から「キャリア教育の推進」ということも挙げられていました。しかし、ここでのキャリア教育は勤労観・職業観の育成を大きく取り上げているために、後に誤解を生むことにもなったと思います。そんな中で、白河総合支援においても企業実習を中心に置いたカリキュラムを創り実践する中で、何年間か続けて卒業生全員の就職が実現するなどの一定の成果は見られました。と

ころが、生徒の中には、企業実習に行って伸びるはずが上手くいかないケースも出てくるわけですね。それで、キャリアって本当に何なんだろうということでちょっと悩んでいた時期に木村先生から「今、国立特別支援教育総合研究所でキャリア教育の研究をやっているんだが、協力してもらいたい」と依頼があったんです。それが、キャリア教育の本来の理念を一緒に考えるきっかけになったと思っています。そこが木村先生との出会いであったかなと思います。

**丹野** 木村先生から森脇先生に、お声かけされたのですね。

**木村** そうですね。平成18年〜19年の国立特別支援教育総合研究所（以下、特総研。）における「知的障害者の確かな就労を実現するための指導内容・方法に関する研究」の研究協力校としてご依頼しました。この研究は、知的障害教育の課題別研究として企画したものですが、特総研知的障害教育研究班では、歴代、職業教育や移行教育の研究を続けてきた経過がありました。この分野のオーソリティである小塩先生がある雑誌で、キャリア教育の重要性について触れられていたことに刺激を受け、また、小塩先生自身がアメリカの文献の翻訳もされていたので、それを活用させていただき、知的障害教育における職業教育の現代的意味や価値をキャリア教育の視点から問い直せないだろうかと考えました。そこで、研究申請の段階で、この研究の副題を「キャリア教育の視点」としたのですが（これは以前にも触れたことですが）、研究企画担当から「キャリア教育」は知的障害

教育の課題になりうるか、という指摘があって、結局、「キャリア教育」の文言は外すことになりました。その背景としては、「キャリア教育」は森脇先生がお話しされたように、当初はニート・フリーター対策として国の重点対策になったという経過がありましたので、当時としてはやむを得なかったのだと、今は振り返って思います。この研究を2年間推進する過程で、白河総合支援や千葉県の流山高等学園の実践に出会って、これは素晴らしいなと。ここに重要な着眼点があることに気付き、研究の成果としては、国立教育政策研究所による「職業観・勤労観を育む学習プログラムの枠組み（例）」で示された大きな枠組みを活かしつつ、知的障害のある子供たちのキャリア形成に資するカリキュラムの枠組みの試案を作成しました（後の継続研究で「知的障害のある児童生徒のキャリアプランニング・マトリックス」（以下、マトリックス。）に改編）。これについては、後々賛否をいただきましたが、特総研研究の外部評価において非常に高い評価をいただいたことから継続研究ができることになり、菊地一文先生に研究を継いでいただきました。この時期（平成18〜20年ごろ）に、特別支援教育の中でもキャリア教育への関心や注目が高まり、平成21年の特別支援学校高等部学習指導要領にキャリア教育の推進が規定されたことが大きな後押しとなって、全国的に広まっていったという経過があったように思います。このように私達の取組が始まって本研究会の母体が生まれていったと考えています。

**森脇** デュアルシステムを始めて3年目の頃

（平成18年〜）に、たまたま地域の高齢者のための介護予防の事業を地域包括支援センターの方からの依頼で始めることになりました。それで、地域のおばあちゃんやおじいちゃんの体操教室の手伝いをデュアルシステムにのりにくい生徒にもしてもらうことにしたんです。そうしたら、結構地域の人にも好評で、生徒達も元気になっていったっていう効果が見られたんですよね。木村先生と一緒に特総研の研究に参加させていただく中で本来のキャリア教育、キャリア発達の意味を考えるきっかけになり、その理念を通してデュアルシステムや地域協働活動の目指すことを考え整理するきっかけになったと思います。ですから、木村先生との出会いは大きな意味を持っています。地域協働活動をカリキュラムに位置付けて、新たな職業専門教科として「地域コミュニケーション」として開設したのが平成21年なんです。だから、平成18年から21年の4年間は、白河総合支援にとってキャリア教育の理念で学校改革を進めてきた期間でもあったと思います。その頃に、渡辺三枝子先生や前会長の尾崎祐三先生との出会いもあり、白河総合支援のカリキュラム開発が一番進んだ時でもありました。例えば、生徒と一緒につくる「キャリアデザイン」というシートや発想、多様な地域協働活動の開発など、どちらかというと、「働くことの意味を学ぶ」ことを、生徒の視点でカリキュラムに反映するための整理について実践を通して模索していたと思います。

**木村** そうでした。特に、渡辺三枝子先生との出会いは私には決定的でした。渡辺三枝子先生は、キャリアの心理学の中心的な役割を果たした「カウンセリング心理学」の立場からキャリア教育の理念と方向性を示してくださった方で、まさに潜在的に私たちが求めようとする方向性を「理念」として明確に示してくださった。このことは、私たちにとっては大きな原動力になりました。それと森脇先生の実践が重なり合っていったという重要な時期でもあったと思います。白河総合支援では、先に森脇先生からお話しいただいた実践を基盤として専門教科「地域コミュニケーション」を設置されました。職業学科なのに「地域コミュニケーション」なんて、ものすごく画期的なことなんじゃないかと私は思うんですけど、どうですか。

**森脇** 地域コミュニケーションを作った意図は、スキル中心の学校の中での学びに限界を感じていたからです。例えば、アビリンピックで金賞を取っても、実際に働くエネルギーにはならない生徒が何人もいました。働くためのスキルは必要なんですが、働くためにはもっと他の学びが必要じゃないかと考えるようになってきたんです。いろんな人との関わりの中から学ぶ力というか、その中で子供たちは育っていく。まさにそのことは、渡辺三枝子先生が子供の成長発達というのは社会との関係性の中で起こることなのだっておっしゃっていた。そのことがまさに目の前で起こっていった。保育所の子供であったり、地域の高齢者の方であったり、そういう異年齢の方との出会いの中での学びによって生徒の変容が見られたわけです。そこで、カリキュラムとして1つの専門学科を設置しようじゃないかという発想だったかなと思い

第Ⅱ部 ｜座談会｜

ます。そのことに、迷いはなかったですね。

**木村** そうですね。私が最初に白河総合支援に視察に行ったときには、すでに校内カフェがあったんですが、とても衝撃的で、ああいうカフェスタイルって白河総合支援が一番最初に始められたんじゃないでしょうか。それから全国的にカフェの実践が増えたと思います。社会との相互作用を生み出す活動を校内にしかけるという着想がとても支持されたのだと思います。渡辺三枝子先生、そして菊池武剋先生は、キャリアは「相互発達」するのだと。こういう「学び」の価値や「場」の価値を意味付けしてくださった。キャリアの根本理念ですね。それは、今日の「カリキュラム・マネジメント」が目指す中核理念の一つでもあるのだろうと思います。白河総合支援は、学校だけではなくサテライトの活動をすごく広げられて、まさに、特別支援学校だからこその学校づくりの方向性を目指してこられたと感じます。

**森脇** 大きな声であいさつができないからとか、よく遅刻をするからとかの理由で、相手に迷惑をかけるので、まだ企業実習には出せないという声が聞こえてくるのですが、そのことは大事なのですが、そういう発想ではなくて、「なぜ、何のために」実習に行くのか、実習で何を学ぶのか、どのように学ぶのかという学びの中身を問題にしないといけないと思うんです。どうしても先に、スキルの方から入っていく。学びの目的とそして支援の方法をしっかりと相手の企業に伝えて課題を共有できれば多くの企業は理解していただけると思っています。ただ、

そのためには私たち側の覚悟も必要かと思います。生徒は、環境をちゃんと整えたら、その中である意味、勝手に育ってくれるんです。でも、教育というのはそこに意図を持ち込まないと、学びが見えてこないんですね。だから地域コミュニケーションというのは、学びそのものをいかに構造化していくかということでもあったのかな、と思っています。

**丹野** 今、森脇先生からございました「教育に意図を持ち込む」ということは、非常に貴重なお言葉であると思いました。学びを、見える化していくことができる組織マネジメントとも言えると思いました。また、その前提となっているキャリア教育の理念。いわゆる子供の内面的な発達、子供は関係性の中で成長発達していくんだというようなところ。それに関連してカフェの運営が、白河総合支援を最初にして、全国に広がりを見せている中で、最近の状況についてはどういうふうに思われていますでしょうか。もしそういった知見があれば、教えていただければと思います。

**森脇** 先ほども言いましたが、活動ありきになってはいけないなと思うんですよね。カフェがあったら、もちろんお客さんが来てくれます。お客さんがくれば、接客をします。それで、失敗しないように指導をします。それで接客も上手くできたし良かったということで終わってしまう。一人一人の生徒にとっての活動の意図ですよね。何を学ぶかという視点がなかったら、意味がないんじゃないかなと思うんですね。例えば、カフェを始めた時に、いきなりお客さん

は来てくれないからチラシを作ってご近所を生徒と一緒に訪ねて回ったんです。そのときに、生徒がブザーを押し一軒一軒回る訳ですが、ある生徒はものすごく緊張してドキドキしている。どう声かけたらいいかわからないし、ものすごく不安なわけです。それで、ご近所の方から「カフェに行くわね」と言ってもらった応対の中で生まれる生徒の喜びであるとか、その後の意欲であるとか、生徒の内面をきちんとくみ取れることが一番大事な気がするんです。それは、同じ活動を一緒にしていても一人一人違います。どうしても、スキルが優先すると、大きな声で「いらっしゃいませ」と言ったり、上手な注文の取り方とか勘定の仕方だったりとか、そこにばかりに指導者の意識がいっているんじゃないかと思うことがあります。実は、お客さんの求めにどの様に応えていくか、そのために、どんな動きをしているかを見取ることが必要かと思います。経験のある3年生と初めてウェイターをする1年生が接客をやっていた時に、3年生が1年生の接客の様子を心配そうに目線で追っているんですね。そんな様子を見ていると生徒の育ちを感じます。指導者はそのときの生徒の内面を見逃さず、時には一緒に言語化し価値付けをしていくことで生徒はもっと成長すると思います。

**木村** それは、まさに自分と自分が果たす役割との関係に対する価値付けというのがキャリアの意味の中に含まれていて、それを実感できるような活動の場であったと思うのです。特別支援教育におけるキャリア教育が急速に広がっていった一つの背景として、障害者の権利に関す

る条約の影響があったと思います。第24条にある「自分の価値についての認識を十分に発達させる」ということの重要性。キャリア発達支援の意義を、正にここで言い当てているような気がします。これは、新学習指導要領に「前文」が今回初めて載りましたけど、ここにも同様の記述がなされました。障害者の権利に関する条約、学習指導要領とキャリア教育が、理念として密接に関連していることがよく分かります。

**丹野** 障害者の権利に関する条約の第24条に、「自己の価値についての意識を十分に発達させ、ならびに人権、基本的自由、および人間多様性の尊重を強化すること」ですとか、あるいは「能力を可能な最大限まで発達させること」、これはまさにキャリア教育の理念の本質に迫るようなことが示されているということでしょうか。

**木村** キャリア教育の理念そのものは、グローバルに育ってきた社会的価値だと思うのです。

## 2 新学習指導要領とキャリア教育

**丹野** 先ほど、森脇先生、木村先生からご指摘がありました学習指導要領の前文に、学習指導要領の理念である社会に開かれた教育課程の実現が示されました。それはまさに地域協働ですとか、あるいは地域コミュニケーションといった取組が文面として規定されてきたと思っていますが、いかがでしょうか。

**森脇** 学習指導要領に社会に開かれた教育課程ということが、提示されたことは大きなことだ

と思います。現在、全国の特別支援学校では、地域協働活動はもう当たり前のように行われていると思います。ただ、地域協働活動をやっているから社会に開かれた教育課程になっているということではなく、大切なことは社会と目標を共有すると示されているところであり、それを実現するためのプロセスであると思います。従前の特殊教育から特別支援教育に転換され、教育の在り方は子供たちが主語に変わっていきましたが、地域社会も含めた転換期にあると思います。木村先生もおっしゃっていましたが、キャリア発達は相互作用の中で双方向で起こるというところに地域協働活動の意味があると思います。一方で、地域協働活動を進めることで、学校内の意識改革にもつながり、学習の意味付けや見方も変化してきたのではないかと思います。その意味では、キャリア教育は学校改革としての方向性を示すものとしての側面は大きいと感じます。

**木村** 特別支援教育でもキャリア教育が注目されるようになって、どういうふうに考えたらいいのだろうという疑問として、「小学校段階からのキャリア教育は何をしたらいいの？小学校段階から必要なの？」ということがありました。この疑問は全国の小学校でも同様と伺いましたが、キャリア教育の推進は職業教育と進路指導が中核であると先に答申で示されましたからね。だから小学校、小学部の先生たちは、私たちにはあまり関係ない、と。もう一つの疑問は、「障害の重度の子供たちへのキャリア教育ってどうしたらいいの？」ということがありました。今回の特別支援学校小学部・中学部学習指導要領解説の中にも、キャリア教育の理念はたしかに浸透はしてきたけども、なかなか意図が十分に理解されなくて、狭義の意味での進路指導と混同される傾向もあり、特に進路に関する内容が存在しない小学部においては体系的に行われてこなかったという課題が指摘されていま

す。キャリア教育は、やはり発達を支援するというところに基軸があり、どの発達の時期にも重要な活動があるはずなのです。ここは今日の基本的な課題だと認識しています。この点は研究の初期のころからの課題でもあって、私は、マトリックスの試案作成の段階から、小学部、中学部、高等部の発達課題をどう表わしたらいいかすごく悩みました。特に小学校段階のキャリア発達課題ってなんだろう、と。国立教育政策研究所のパンフレットも随分確認しました。障害があっても、その時期固有の発達課題もあるはずだと。と同時にキャリアは生涯発達の概念ですから、私たちもキャリア発達のまだ途上にいる。子供たちも途上にいるという点で同様です。私はそこに惹かれたのです。個人差があっても、生涯という視野でみると、とてもインクルーシブな理念だと。子供のテーマでもあり、私たちのテーマでもある。保護者のテーマでもある。社会全体の人々のテーマとして、みんな同じ立場でキャリア発達というものをお互いに理解しあって、お互いにサポートし合い、学び合う。今回、学習指導要領に小学部のことが書かれたのは、そういうことからもとても意味があることだと思っています。

**丹野** 今回、学習指導要領の総則に、小学校あるいは特別支援学校小学部段階から、特別活動を要としつつ、各教科等との特質に応じて、キャリア教育の充実を図るということが、小学校段階、中学校段階では改めて規定されたということは、大きなことかなと思います。それと森脇先生のお話の中で子供が主語というような言葉がありまして、いわゆる子供から見るとキャリア発達で、教える側から見るとキャリア教育というようなこと。それはどうしても学習指導要領等にはキャリア教育という部分が前面に出ていて、キャリア発達の部分についての意識が先生方に少し薄いかなというふうに思っています。学習指導要領の大きな柱が、いわゆる子供中心の、学習者の視点で大きく改訂されていて、主体的・対話的で深い学びもそうですし、その対話の中にはやはり人と人との相互作用の中で、何か気付いたり、あるいは価値を見いだしたりしながら成長していくという思いが、含まれているのではないかと捉えることができるんです。その相互作用というところで、もう少しお話をお聞きしたいと思っています。あと、生涯にわたる学習ということについて木村先生からご指摘がありました。障害者の権利に関する条約では義務教育段階もそうですけど、生涯学習も含めての条約の理念になっていて、そこの意識が薄いということを感じています。学校段階でどのように生涯学習につながるような取組を考えられるのかという話も、もう少しお聞きしたいと思います。

**木村** 「生涯学習」というのは、キャリア発達のテーマでもあります。学齢期はその生涯学習の基礎となる能力の育成の時期になるので、学校での学習も大事なのだけど、学校外での学習の価値、特に地域の人々との関係形成や様々な資源活用を促していくことが重要なのだと思っています。そして、私たちも「生涯学習」という視点で現役であるべきだと思うのです。ここにも相互作用であることの意味が潜んでいるのだと感じます。

**丹野** 森脇先生、いかがですか。

**森脇** 渡辺三枝子先生が以前におっしゃっていたことの中でね、時間の流れの中で子供は生きているんだっておっしゃっているんですね。将来の夢を持つとか、将来どうありたいとか、ということにどうしても指導をしがちです。夢を描いたり、自分の将来像をイメージしたりするのは大事なことなんですが、結構難しいことだと思うんです。新しい学習指導要領でも未来は予測困難だと言われていて、しかし、そういう中でもですね、未来に対して自信をもって生きていくための力をどう育てるかというようなことかと思うのです。先ほどから地域協働活動の話をしてきましたが、地域協働の目的の一つに、人から当てにされたり、人の求めに応えたりすることで、いろんな人と関わることが楽しいという気持ちを持つこと。これは、大切なことだと思っています。変化する社会の中にあっても、社会と関わりながら自分らしく生きていくことが大切で、だから、渡辺三枝子先生は、夢を持たせることがキャリア教育じゃないんだとよくおっしゃっておられました。

**木村** 渡辺三枝子先生は、最初からおっしゃっていましたね。

**森脇** さらに、キャリア教育は今を大切にする教育だとも言っておられます。未来を教えているんじゃなくて、今を教えているわけですから、そこで子供たちに何を身に付けていくかということがすごく大事な気がします。そういう意味では、時間の流れということをキャリアという概念ではすごく大事にしているのかなって思います。だから、学校だけじゃなく、社会とか、家庭であるとか、企業であるとか、いろんな今ある社会とのつながりの中で考える必要があると思います。

**丹野** キャリア教育の理念では、子供たちがいろいろな自信を付けていくこととか、あるいは、何々になろうとする気持ちをつなげていくという、そういったところが大事だということですね。今回の新しい学習指導要領の中でも、「主体的に学ぶ態度」の部分というのは、正にここのことになるのでしょうか。

**木村** はい、そう思います。

## 3 対話とキャリア発達

**森脇** 最近、対話という言葉がよく出てきますよね。対話の意味って結構大事な気がするのです。対話というものは、自分と相手は価値観が違うという認識の上で、お互いが違う考え方なんだけれども、そこから新しい考えを生み出していこうとするプロセスだと思うのですよね。だから、これはキャリアの考えそのものだと思ったりします。

**丹野** 対話の中で様々なことに気付いたり、新しいことを見いだしたりというようなところですね。

**森脇** そこに相互作用というようなことであるとか、つながりの問題であるとか、そんなよう

なことが対話という言葉に含まれているかなと思うのです。

**丹野** だから相互作用は、例えば、自分と社会の相互作用がもちろんありますし、あと自分と他者との相互作用だとか、さまざまな相互作用の形があるというふうに捉えていいのですよね。

**木村** そうです、その通りです。

**丹野** 主体的・対話的で深い学びというフレーズがありますけども、その対話的という部分、そこの部分について主体的にいかに関わっていこうかという問題。その対話を通して学びというものが生まれてくるのかなと思います。その学びというのは、言葉を変えたら創造なのかもしれないし、新しいものを生み出したり、築いたり、生み出していくということなのかなと思います。

**木村** 渡辺三枝子先生は、「会話」と「対話」の違いについて、「会話」はそれぞれが持っている知識を、または、伝えたいことを正確に相手に伝え合う作用であることに対して、「対話」は、それをしつつ、何か新しい価値を互いに生み出していくプロセスであると解説されています。その際、自分とは違う考えに出会うことも当然ありますから、クリティカルな（クリティカル＝批判的な）思考も時には大切だと。中央教育審議会でも話題になりましたが、「クリティカル・シンキング」というのは、渡辺三枝子先生は、ある特定の価値観に基づいて評価するよ

うな姿勢ではなく、お互いの思考を往復させながら、新しい考え方とか知見を生み出していく、そういう力なのだと解説されていて、とても意味深いと思うのです。今まさに学習指導要領で示された「対話的」というのは、意見が違ったとしても、お互いの意見や気持ちを聞きながら、あ、そしたらこうかもしれないね、こういうこともありうるね、ということを、お互いに生み出していくというようなプロセスのことを言っているのだと思うのです。渡辺三枝子先生によると、「対話」＝ダイアログの語源はディアロゴスというギリシャ語から来ているそうなのですが、「言葉の意味の流れ」という意味が含まれているそうです。だから双方に意味の流れを感じ合って、そこから何か新しい知見を生み出していく。私は、その点では障害の重い子どもたちであっても、関わりながら、一緒に遊びながら、対話しているのではないかなと思うときがあります。ものを取り合ってけんかしたり、また仲よくなって一緒に遊んだり、遊びの中で随所に工夫する姿が生まれますよね。それは非言語的に行われたりもして、その発達段階における「対話」の姿なのではないかと。「対話」というと非常に高度なコミュニケーションのやり取りのようなイメージがあるかもしれませんが、発達に応じた姿があるのだと思います。

**森脇** 対話は、言葉だけでは無くて、相手の思いをどんなふうに受け止めるかとか、あるいは自分の思いをどんなふうに発信するか、その中ですり合わせをしていく。

**木村** 渡辺三枝子先生はまた、「対話」は二人

の間でするイメージがありますが、「対集団」でも成立するものであり、だから、授業は正に対話の場なんです。それと「対自己」、自分との対話ですね。対話にはいろいろなベクトルがあって、人が生きていく上での向き合い方の一つの姿勢だと思います。どういうふうに対話できるかということを、「主体的・対話的で深い学び」の基本としてね、押さえてはどうかと思いますね。

**森脇** また、他者との対話を通して自己理解も深まるし、自己理解が深まることで多様な価値を受け入れられるようにもなる。キャリアということを進めていく上で自己理解という言葉は、結構キーワードとして出てくる。自己理解のためには、自分の周りの人たちや社会との関係性の中で自分という存在を振り返り意識化することかと思うんですね。また、最近のキーワードとして、対話と共に多様性という言葉が頻繁に出てきます。異なる価値観や文化を受け入れる中で新しい価値を見つけ出せるようになることで、イノベーションが推進する。主体的・対話的で深い学びの向こうにはイノベーションを引き起こす人材育成もあると思うのですが、私たち教育に関わる側の課題としても、対話や多様性という考え方を意識する必要があるのではと思います。特に、生徒の自己理解を促すための場や活動をどの様に工夫するかと考えると、学校内だけでなく学校の外の多様なリソースを活用したり、対話を必要とする環境を学習場面に工夫したり、生徒だけではなく、むしろ私たちの問題でもあるかと思います。そうでないと、生徒たちのそういう内面というものを、代弁できないんじゃないかなと思ったりしますね。

## 4 深い学びとカリキュラム・マネジメント

**木村** 「深い学び」に関して、私も中央教育審議会答申の中で、とてもいいキーワードを見つけました。これは北海道通信の記事にあって、なるほどと思ったのですが、「納得解」という言葉です。これからの変化の著しい社会において、いわゆる正解のない、様々な難題にもこれからぶつかっていくだろうと。そこでは数少ない情報を入手しつつ、専門性のある人と連携して、自分なりの考えを築いていく、つまり「納得解」を見つけていく。「納得解」は、その時点での自分なりの「なるほど」なので、必ずしも「最適解」とは限らない。でも、経験や学習を積み重ねていくにしたがってより最適な「解」に近づいていく。そういうプロセス、そういう途上の学びや変化のことなのではないでしょうか。どの人も、主体的に動こうとするには、自分なりの「なるほど」を、自分の中に生み出していかないと、次のステップを歩めないですよね。まさに個々が「納得解」を得られるような支援をしていくのが、キャリア発達を支援するという一つの姿なのかなと、とても感じるのです。「主体的・対話的で深い学び」、いろんな解釈に出会いますが、学習指導要領解説の中に、主体的な学びの例、対話的な学びの例、深い学びの例というのが示されていて、一時間の授業ですべて反映させるというだけではなく、一つの単元や題材の中でそういう学びが含まれるようにデザインしましょうというのが説明されています。そう考えると、具体的なイメージが持

ちやすいのではないでしょうか。

**丹野** まさに正解がない正解のところで、なるほどと思える解を求めて行くというようなことですね。

**木村** 子供たちからすれば、ある子供は教師が意図するような納得を得るかもしれないし、違う子は異なる形でのその子なりの納得を得るということが生じるかもしれない、それは個々に尊重すべきで、そういう作用を生み出していく学習活動の展開と累積が大事だっていうことを言っていると思うのです。

**丹野** 森脇先生からも「深い学び」というところで、コメントをお願いします。

**森脇** 「深い学び」を可能とするためには、カリキュラム・マネジメントという視点が必要かと思います。今、おっしゃっている納得解であるとか、先ほどの対話であるとか、多様な要素が重なることで深い学びが生まれるかと思います。そのため、かなり意図的な視点を持って深い学びにつながる工夫が必要かと思います。教育課程は非常に構造的なものですから、深い学びにつながるように構造化をしていく必要もあろうかと思います。また、学校の外のリソースを取り入れたり、体験的な学習と学校の学習を結びつけたりするためには、子供だけじゃなくて、先生の学びもすごく大事なことかなとも思います。

**丹野** 学校の中にいろいろと取り込んでいくと

いうところは、やはり子供たちに実際に近い形でいろいろ体験や経験させたりというところがあり、その中で、実際の経験との相互作用の中でいろんな学びを深めていくと。それが、深い学びにもつながる。学校としてはそこを全部、意図的に、教育的に計画していかなくてはいけない。それがカリキュラム・マネジメントというような捉え方でよろしいでしょうか。

**森脇** 同時に、学校には様々な課題がありますね。生徒の発達を促す授業改善から、学校組織の問題、また、地域と学校との関係等々、課題には事欠かない。優先順位を決めてどこを切り口にしていくのが重要だと思います。その意味でカリキュラム・マネジメントという視点で課題の明確化、視覚化を図ることは、生徒の学びだけでなく組織マネジメントにもつながると思います。ただ、言葉としては、カリキュラム・マネジメントは簡単な言葉だけれど、すごく難しい問題だと思うのですね。それから、教育課程の構造化には、その背景にあるものをしっかりと共有しながら、こういう目標の下だからこういうつなぎ方をしたとか、大胆かつ繊細に作っていく必要があると思います。

**丹野** 今、課題を明確にするというところは、正に課題と、課題を解決するための目標というのは裏返しで、つながっている部分があるかと思うんです。その学校として育てたい子供たちの目標を明確にしていくというようなところが、まさにカリキュラム・マネジメントの大きなポイントで、そこのところが今のご指摘はつながっているかなと思いました。

**森脇** 冒頭にお話ししましたデュアルシステムというのは、かなり意図的な組織マネジメントも含めたカリキュラム・マネジメントだったわけです。職業学科に学校を改編するという、当時の最大の学校課題だったわけです。一方で教育課程そのものをどう作るかということと同時に、その目標を実践レベルで具体化してくれる先生方の意識改革も大きな課題だったわけです。ですから、組織マネジメントとカリキュラム・マネジメントというのは、どちらが先とかでなく、本来一体化されているものじゃないかなと思うのですね。それから生徒と先生の課題だけじゃなくて、社会と学校との関係性から起こる課題というものもあり、同時進行で考えて行かないと課題というものは見えてこないのではないかなと。今、高等学校における通級による指導に関わっているんですけど、その問題はどちらかというと組織マネジメントにものすごく大きな課題があるように思いますね。一人一人の困りに対する支援をどうするかっていうことは、結構出来ると思うんです。でも、生徒の困りに気が付かない先生方の意識や組織を変えるのは簡単なことではないと実感しています。だから、発達障害の生徒を支援するための高校通級というのは、あれは学校改革そのものじゃないかなと、ある意味思っているところがあります。それだけに難しいし、敷居が高いです。

**丹野** そうですね、一本柱、筋が通っているということですね。

**木村** キャリアの理念と重なりますね。学校全体で組織的に取り組むということでもあり、一

方で一人一人の子供の自立をどう考えるか、そのことを子供と一緒に作っていくということでもあるわけですから、とても大切な視点が含まれていますね。

## 5 読者へのメッセージ

**丹野** ありがとうございました。本日の座談会の中で、キャリア教育の理念である、いわゆる相互発達や学びの価値を見いだしていくこと等のお話の中で、私がとても印象に残ったのは、やはりキャリア発達が子供たちの視点で、キャリア教育が学校、あるいは指導者の視点といったところでした。それから、キャリア発達というのは子供中心で、チャイルドセンターの視点なのかなというふうに思っているのですけども、そこの辺りのところが非常に学校の先生方にとっては、わかりにくいところでもあると思っています。これまで、いろいろとご教示いただいているのですが、最後にお一言ずつ、キャリア発達を促す教育について、どういったところを考えると良いのかご教示いただければと思います。そして、最後にキャリア発達支援研究会の皆さんに一言ずつメッセージを、お二人の先生からいただければと思います。

**木村** 北海道CEFが、今年ちょうど10周年を迎えましたが、近年、各地区での学習会が立ち上がってきて、とてもいいことだと思っています。学習会の企画・運営に当たっては、そこに集まる先生たちが、こんなことを学びたいとか、こんなことを検討したいとか、先生たちの願いをくみ取った企画にしていく。もっと言え

ば、企画を一緒に作っていくプロセスを共有できる集まりになることを期待します。教育センターでの「研修」とはまた異なった「参画型」の学び。皆の対話により生み出される学び。私たちの「相互発達」の場になっていくことに大きな期待があります。

**丹野** まさにプロセスですね。

**木村** もう一つは、私たちは「共生社会の実現」という言い方をしてきましたが、広く見ると「多文化共生社会」という言い方もあって、これからは外国の方々も増え、文化も益々多様になっていくと思うのですね。外国語活動が小学校から入ってきましたが、英語の学習という狭義の捉え方よりは、異文化理解学習を、より積極的に進めていくことが大事だと思います。特別支援学校でも、国際バカロレアの学習者像を意識した教育を、いろいろな国の方々にも協力してもらって推進していくことは、今後一層グローバル化が進展する社会の中で生きる子供たちにとって不可欠だと思われます。いろんな国籍の人にもっともっと出会えるようにしたらいいのではないかと思います。きっと、言葉が通じないのは、逆にいい。言葉が通じなくても、お互いに表情を見て、察して、ノンバーバル（＝非言語）であっても好意的な関係が築ける経験は、本当に貴重だと思います。私たちも、教育の分野だけでなく、様々な分野の方々とのつながりをもっと意識する必要があるのではと思います。「セレンディピティ」という、つまり、思いもよらない「発想」に気付けるチャンスも広がるのではないか。そういう関係性の築き方も

今後は大切かなと思っています。

**丹野** ありがとうございます。森脇先生、お願いします。

**森脇** 今、木村先生もおっしゃっていましたが、やはり、学び合う集団というのをどんなふうに形成するかっていうことが、やっぱり課題なんだろうなと思うんですね。だから一つの考え方だけで進めるのではなく、学び合える場と、学び続ける組織をつくることが重要だと思います。先生も生徒もそうなんだろうと思うんですけどね。そういうことを模索することをキャリア発達支援研究会が求めてきたことだろうと思います。

**木村** その趣旨でやってきたんですよね。

**森脇** 本研究会も10年ほど経ちますが、だからこそ、その趣旨は曲げないでやってほしいなと思います。どこかの国でプラスチックのストローは使わないって言ったら、それがネットで一気に広がって、数日後には世界中でそのような価値観になるという世の中であるという認識をやっぱり持っていないといけないと思います。リーマンショック以降、一日で世の中が変わっていくような、そういう変化の大きな社会の中で、障害のある子供たちであっても、生きていかなくてはいけない。でも、そんな時でも能動的に自分から社会に関わっていけるようにしていく力が求められると思うんです。そこはやっぱり生きる術という部分も身に付ける必要があると思います。非常に難しい視点でありま

すけどね。だから、生徒と先生という関係性そのもののあり方っていうのは、これからは認識し直さないとダメじゃないかなと。教える、教えられる関係ではなくて、共に同じ時間を共有し、共にキャリア発達する人であり関係であることが起こると思ったりします。だから、カリキュラム・マネジメントとか、社会に開かれた教育課程とかの理念の中には、仕掛けがいっぱい埋め込まれているじゃないかなって思ったりしているところです。

**丹野** 前半で森脇先生からお話があったように、子供たちというのは何かヒントがあれば、関係性の中で、どんどん、学んでいく優秀な学習者なんだというような発想の転換みたいなものが必要なのかなと思いました。

**森脇** そうですね、一つの価値観だけで教えていると、子供の学びに気が付かないことが起こったり、子供たちは結構いろんなこと学んでいたり、いろんな発想を持っていたりすると思うんですね。そのことに気が付くセンスを私たちが持っていないと、学びというものが見えてこないんじゃないかなって思います。

**丹野** まだまだ話は尽きないところなのですけども、やはり本研究会の良さというのは、研究会に参加したみなさんが、いろんな対話を通して様々な学びを見つけて、また戻っていくというところであると思います。その際のプロセスを、それぞれ大事にしながら、ますますキャリア教育の本質的な部分の理解が進んでいくと良いと思いました。本日は、キャリア発達支援研究会発足時の背景などを振り返りながら、キャリア発達の理念について、学ぶことができました。キャリア発達を促すことができる子供たちの学びをいかにデザインしていくことができるのか、本研究会の役割を共有することができました。本日は、本当にありがとうございました。

**編集後記** ━━━━━━━━━━━━━━━

　今回のテーマは、「これからのキャリア教育を展望する」だ。座談会当日は、新しい教育におけるキャリア教育や、キャリア発達支援を考える上で大きなヒントをもらえるだろうという期待感と、テーマが大きいだけにどんな話になるのか予測がつかないといった多少の不安感が混じる中、和やかな雰囲気で座談会がスタートした。話が始まると、丹野先生の素晴らしいコーディネートと森脇先生、木村先生の自然体からでてくる流暢な語りにより、短い時間であったが内容の濃い大変貴重な時間となった。多様なキーワードから「キャリア教育の理念と方向性を一緒に考えていこう」と対話を持ちかけられているような話の流れはまさに本研究会の真骨頂。一緒に対話しているつもりになって、言葉（キーワード）の意味を確かめたり、自分の意見を考えたりしながら読むと気付きや発見がたくさんでてくる。そして、「展望する」のは、これを読んだ自分自身であることに気付くだろう。語られている言葉をかみしめながら、読者自身のキャリア教育への取組を振り返るとともに、新たな視点をもって次の実践につなげていけるよう本文を通してぜひ貴重な時間を共有していただきたい。

（松見和樹）

# 第III部

# 論　説

　　各論説では、新学習指導要領を踏まえながら「社会に開かれた教育課程」「育成を目指す資質・能力」「主体的・対話的で深い学び」「カリキュラム・マネジメント」と「キャリア発達支援」との関連について、現場の実践を踏まえながら論じていただくとともに、現状と課題、そして今後の可能性に向けて提言していただく。

# 1 社会に開かれた教育課程とキャリア発達支援

千葉県立つくし特別支援学校　教頭　松見　和樹

## 1 はじめに

新学習指導要領の考え方を示した「前文」では、学習指導要領で示された内容を具体化する基本理念として、「社会に開かれた教育課程」の実現を掲げている。

> 「教育課程を通して、これからの時代に求められる教育を実現していくためには、よりよい学校教育を通してよりよい社会を創るという理念を学校と社会とが共有し、それぞれの学校において、必要な学習内容をどのように学び、どのような資質・能力を身に付けられるようにするのかを教育課程において明確にしながら、社会との連携及び協働によりその実現を図っていくという、社会に開かれた教育課程の実現が重要となる。」
> 〔新学習指導要領「前文」より引用〕

新しい教育を具体化するには、「社会に開かれた教育課程」の理念を基に、子供たちが新しい時代を切り拓き、生き抜いていくために必要な「資質・能力」を育み、そのために「主体的・対話的で深い学び」や「カリキュラム・マネジメント」が必要になるといった一連の流れを捉えておく必要がある。

本稿では、学校が社会や地域とのつながりを大切にし、教育課程を介して社会との接点を持つことの重要性について、キャリア発達支援との関連を通して述べる。

## 2 「社会に開かれた教育課程」とは

中央教育審議会「幼稚園、小学校、中学校、高等学校及び特別支援学校の学習指導要領等の改善及び必要な方策等について（答申）」（以下、「答申」という）では、「社会に開かれた教育課程」について、「子供たちが変化の激しい社会を生きるために必要な資質・能力とは何かを明確にし、教科等を学ぶ本質的な意義を大切にしつつ、現実の社会との関わりの中で子供たち一人一人の豊かな学びを実現していくことが課題である」とし、「こうした課題を乗り越えていくためには、学校が社会や地域とのつながりを意識し、社会の中の学校であるためには、学校教育の中核となる教育課程もまた社会とのつながりを大切にする必要がある」としている。このことに関連して、「答申」では、次のように述べている。

> 社会や産業の構造が変化し、質的な豊かさが成長を支える成熟社会に移行していく中で、特定の既存組織のこれまでの在り方を

> 前提としてどのように生きるかだけではなく、様々な情報や出来事を受け止め、主体的に判断しながら、自分を社会の中でどのように位置付け、社会をどう描くかを考え、他者と一緒に生き、課題を解決していくための力の育成が社会的な要請となっている。
>
> こうした力の育成は、学校教育が長年「生きる力」の育成として目標としてきたものであり、学校教育がその強みを発揮し、一人一人の可能性を引き出して豊かな人生を実現し、個々のキャリア形成を促し、社会の活力につなげていくことが、社会からも強く求められている。
>
> 〔「答申」より引用〕

これらを踏まえ、これからの時代を生きていくために必要な力とは何かを学校と社会とが共有し、共に育んでいくことができるような「社会に開かれた教育課程」を実現していくことが重要であるとし、その要点として「答申」では次の3点を挙げている。

① 社会や世界の状況を幅広く視野に入れ、よりよい学校教育を通じてよりよい社会を創るという目標を持ち、教育課程を介してその目標を社会と共有していくこと。

② これからの社会を創り出していく子供たちが、社会や世界に向き合い関わり合い、自らの人生を切り拓いていくために求められる資質・能力とは何かを、教育課程において明確化し育んでいくこと。

③ 教育課程の実施に当たって、地域の人的・物的資源を活用したり、放課後や土曜日等を活用した社会教育との連携を図ったりし、学校教育を学校内に閉じずに、その目指す

ところを社会と共有・連携しながら実現させること。

学校と地域や社会が教育課程を介して目標を共有していくとした①や、社会や人生を切り拓いていく資質・能力を明確にして育んでいくこととした②は、教育課程に対する新しい視点である。ここで留意したいのは、目標の共有は、学校の目標を一方的に押し付けるものではなく、また、地域や社会の要請に従えばいいというものでもないということである。目標の共有には、まず学校が社会とつながることが大切で、学校のこと、地域のこと、社会のことをお互いに知ることが必要である。そこから、それぞれの価値や要請を理解してはじめて地域住民等とビジョンを共有でき、目標の共有につながる。平成30年3月「特別支援学校教育要領・学習指導要領貝解説総則編（幼稚部・小学部・中学部）」（以下「解説総則編」という）では、教育課程の編成の原則において、「地域社会の実態を十分考慮して教育課程を編成すること」、「家庭や地域社会との連携を密にすること」、「地域でどのような子供を育てるのか、何を実現していくのかという目標やビジョンの共有が促進され、地域とともにある学校づくりが一層効果的に進められていくこと」が記されている。

## 3　共生社会の形成という視点

特別支援教育では、障害のある児童生徒が社会とどうつながっていけばいいのかという視点が重要になってくる。このことについては、平成24年の中教審報告「共生社会の形成に向けたインクルーシブ教育システム構築のための特別支援教育の推進」（以下、「インクル報告」と

第Ⅲ部 │論説│

いう）で示された、共生社会の定義を押さえておく必要がある。

> ・「共生社会」とは、これまで必ずしも十分に社会参加できるような環境になかった障害者等が、積極的に参加・貢献していくことができる社会である。
> ・それは、誰もが相互に人格と個性を尊重し支え合い、人々の多様な在り方を相互に認め合える全員参加型の社会である。
> 〔「インクル報告」より引用〕

　障害のない人も、障害のある人も、他者の立場を理解することや、他者と協力・協働できる力をつけることが共生社会の実現に向けて重要であり、学校が社会とつながることは、障害のある児童生徒の自立と社会参加を促すとともに、人々の多様な在り方を相互に認め合える共生社会を形成する上でも重要となる。「インクル報告」では、「障害者理解を推進することにより、周囲の人々が、障害のある人や子どもと共に学び合い生きる中で、公平性を確保しつつ社会の構成員としての基礎を作っていくことが重要である」とも述べている。また、「学校教育は、障害のある幼児児童生徒の自立と社会参加を目指した取組を含め、『共生社会』の形成に向けて、重要な役割を果たすことが求められている」と指摘し、インクルーシブ教育システム構築のための特別支援教育の推進を意識して取組を進めることの重要性について言及している。特別支援教育における共生社会の形成と社会とのつながり、キャリア発達支援については、キャリア発達支援研究1及び2のそれぞれ第Ⅰ部において本研究会前会長の尾崎祐三氏が「論説」しているので、参考にしてほしい。

## 4　国立特別支援教育総合研究所の研究との関係について

　「社会に開かれた教育課程」の理念を基に新しい教育を具体化していくことについて、国立特別支援教育総合研究所の知的教育班が実施した、「知的障害教育における組織的・体系的な学習評価の推進を促す方策に関する研究―特別支援学校（知的障害）の実践事例を踏まえた検討を通じて―」（平成25年度～平成26年度）と、「知的障害教育における『育成すべき資質・能力』を踏まえた教育課程編成の在り方―アクティブ・ラーニングを活用した各教科の目標・内容・方法・学習評価の一体化―」（平成27年度～平成28年度）の研究報告において、関連する内容が述べられている。「学習評価」の研究では、学習評価の充実は、カリキュラム・マネジメントを実施する際に重要な役割を果たすことを指摘しており、学習評価を踏まえた授業改善のPDCAサイクルを、教育課程改善の組織的な取組につなげていくなど、学校で実施している普段の教育改善の取組等をベースに、カリキュラム・マネジメントの実施につなげていくことの重要性について言及している。

　また、「資質・能力」の研究では、カリキュラム・マネジメントの中で、学校教育目標や学校として育成を目指す資質・能力を明確にし、家庭や地域とも共有しながら、教育課程を編成していくことの重要性について指摘している。こうしたカリキュラム・マネジメントの実施は、学校内の教育課程を改善するだけではなく、「社会に開かれた教育課程」であるかどうかの実践と検証を含んでおり、両研究とも「社会に開かれ

た教育課程」の実現に向けた組織的な取組につながる要点が示されている。

## 5 地域との連携・協働とキャリア発達支援

新学習指導要領におけるキャリア教育の充実に関して、「解説総則編」では、キャリア教育を効果的に展開していくためには、学校の教育活動全体を通じて必要な資質・能力の育成を図っていく取組が重要になるとし、次のようなポイントを挙げている。

> 「社会に開かれた教育課程」の理念のもと、幅広い地域住民等（キャリア教育や学校との連携をコーディネートする専門人材、高齢者、若者、ＰＴＡ・青少年団体、企業・ＮＰＯ等）と目標やビジョンを共有し、連携・協働して児童生徒を育てていくことが求められる。

ここで言う連携・協働とは、学校と地域等が何かしらの取組を行えばいいという活動ありきのものではない。取組を通して子供たち一人一人のキャリア形成を図っていく視点をもつことと、カリキュラム・マネジメントの中で学校教育を見直し、組織的に取り組む視点をもつことが必要となる。このことは、学校教育をキャリア発達の視点から見直し改善していく、キャリア教育の理念に通じるものである。

社会や地域等と連携・協働した活動を通してキャリア発達を促す取組は、特別支援学校では、これまで多くの学校で取り組んでいる。それは、社会や地域とのつながりの中で、自己の体験を通した「気付き」によりその価値を認識することで、自己肯定感や自尊感情を高めることがで

きるなど、地域と連携・協働した取組による子供たちの学びは、学校内だけでは得られないものがあるからである。また、様々な人と関わりながら学び、その学びを通じて、自分の存在が認められることや、自分の活動によって何かを変えたり、社会をよりよくしたりできることなどの実感をもつことができるからである。学校の目標と地域等の目標を共有しながらこれまで以上の関係を築き、その中で一人一人のキャリア発達を促していく地域と連携・協働した取組は、今後さらに注目されていくであろう。

こうした「地域協働活動」の取組におけるキャリア発達支援については、キャリア発達支援研究１及び２の第１部「論説」において、本研究会会長の森脇勤氏が論じている。その中の、特別支援学校の生徒と高齢者等地域協働活動に見られる多様な人々（異年齢）との関わりでは、「相手の『求めに応じる活動』を通して、相手も変容していき、『新たな価値＝互いに必要とする関係性』を生み出している」とし、「地域協働活動の中には、生徒自身が解決していかざるを得ない場面がいくつも見られるところに『体験』としての大きな意味付けが隠されている。その意味で、教室の中での授業にはない『指導する・される』という関係性の外にある環境での『学び』が見られる」と述べている。こうした学校と地域等が協働した取組の成果は、各学校から様々な形で報告されており、産業現場等への実習やインターンシップなどの取組もその一つであると言える。学校の授業を社会や地域と協働して実施する取組の成果は、既に多くの学校で実感されていることなのである。学校と地域等が連携・協働したキャリア発達支援は、

第Ⅲ部 ｜論説｜

今後「社会に開かれた教育課程」の理念をより明確にしていくことで、さらに充実していくことが望まれる。

## 6 地域と連携・協働した実践

ここで紹介する取組は、学校近隣の観光地である「あじさい通り」の整備を、高等部職業学科の生徒と地域の方々が協働して取り組んでいく中で、生徒と地域の方々とが活動を通して絆を深めながら共に支え合う活動に発展した実践である。

毎年６月になると見物人で賑わう「あじさい通り」は、住宅街に位置し、地域の自治会を中心に住民が力を合わせて大切に育てている。しかし、住民の高齢化が進み、あじさいの手入れが困難になってきていた。市の職員から「あじさい通り」の整備をする若い人がいなくて困っているという話を聞いたのがきっかけで、地域の方々と出会い、「あじさい通り」の整備活動をはじめた。

除草や剪定作業が主な活動で、年間７回の実施であるが、生徒が仲間と協力することで質の高い作業を目指すとともに、生徒と地域の方々との親睦を深めるため、作業は地域の方々と一緒に行うようにした。また、目的を共有するために、地域の方から観光地「あじさい通り」の歴史や現状、生徒の役割について話をしていただき、活動に対する理解を深めた。年度途中に「あじさい見学交流会」を実施し、きれいに咲いたあじさいや見物客で賑わう様子を見学し、地域の方々と感想を話し合いながら前半の活動を振り返った。見学会の感想では、「あじさいはきれいに咲いていて感動して泣くぐら

いきれいだった」、「来年ももっとあじさいをきれいにして見ている人が笑顔になるようにしたい」など、生徒それぞれの「あじさい通り」に対する思いが聞けた。見学会では、きれいに咲いたあじさいを見て一緒に感動を味わうことで、「あじさい通り」を大切に守っていこうという気持ちを生徒と地域の方々で共有することができた。こうした体験は、生徒の活動に対する向き合い方に変化をもたらした。はじめのうちは、生徒は決められた作業に真面目に取り組むだけであったが、交流を深める中で、人や地域との関りを意識し、活動の「価値」と「役割」を自分なりに感じたことで、自分たちがこの「あじさい通り」を守っているのだという気持ちをもつようになり、主体的に取り組むようになっていった。

活動に取り組んだ高等部の生徒には、対人関係に消極的で、自分から会話をするのが苦手な生徒もいる。しかし、「あじさい通り」の活動では、明るい笑顔と会話が弾む。地域の方々の温かい言葉かけに加え、何よりも一番心を開くようになったのは、同じ目的に向かって一緒に汗を流して作業に取り組んだ仲間である。苦労を共にし、共に喜び、そして「ありがとう」と心から感謝された体験から、生徒は自己肯定感や自尊感情を高めている。

「あじさい通り」の整備活動は、地域のニーズがあり、学校の取組と合致したことでお互いのニーズが達成され、関係が深まった。学校と地域の方々とが何度も打ち合わせを重ねる中で、生徒のことや学校のことに加え、生徒の卒業後や地域の将来のことにまで話が弾んだ。実際の活動が充実し、生徒と地域の方々とのコ

ミュニケーションが増えていくと生徒や学校の理解が深まり、一緒に汗を流した地域の方々は、生徒の誠実さと一生懸命に働く姿を見て生徒のよき理解者となり、生徒や学校のことを心から応援し見守ってくれるようになった。「あじさい通り」の活動が充実する中で、新たな「価値」が生まれ、取り組みの継続により、学校と地域が共に成長していくことができる関係を築いたのである。

## 7　おわりに

「社会に開かれた教育課程」の理念は、全ての学校種において共通するものである。今後の取組では、学校と地域等が目標を共有して連携・協働した取組を進めていくだけではなく、学校以外の外部の人材を活用していくことも考えられる。しかし、連携・協働すること自体が目的になってしまったら、それはただお互いが負担にしか思えなくなる。学校と地域におけるビジョンの共有はすぐにできるもではないので、お互いに知り合い、それぞれの価値の発見に努めるとともに、目標設定が曖昧にならないようにすることが必要である。また、全ての学校種において、障害者の権利に関する条約に掲げられたインクルーシブ教育システムの理念を踏まえ、子供たちの十分な学びを確保し、子供たちの自立と社会参加を一層推進していくことや、

個人に必要な「合理的配慮」の提供等、共生社会の形成に向けた取組の重要性についても意識する必要がある。

学校と社会がつながり、連携・協働するのは、一つ先の価値を生み出すためである。そのため、私たち教員の社会認識や未来へのビジョンをもてるかが問われてくる。

**引用・参考文献**
・渡辺三枝子（2008）「キャリア教育」
・全国特別支援学校知的障害教育校長会編著（2013）「知的特別支援学校のキャリア教育の手引き実践編」
・中央教育審議会（2018）「幼稚園、小学校、中学校、高等学校及び特別支援学校の学習指導要領等の改善及び必要な方策等について（答申）」
・中教審報告（2012）「共生社会の形成に向けたインクルーシブ教育システム構築のための特別支援教育の推進」
・文部科学省（2018）「特別支援学校教育要領・学習指導要領貝解説総則編（幼稚部・小学部・中学部）」
・国立特別支援教育総合研究所「知的障害教育における組織的・体系的な学習評価の推進を促す方策に関する研究－特別支援学校（知的障害）の実践事例を踏まえた検討を通じて－」平成27年3月
・国立特別支援教育総合研究所「知的障害教育における『育成すべき資質・能力』を踏まえた教育課程編成の在り方－アクティブ・ラーニングを活用した各教科の目標・内容・方法・学習評価の一体化－」平成29年3月
・キャリア発達支援研究会（2014）「キャリア発達支援研究1」ジアース教育新社
・キャリア発達支援研究会（2015）「キャリア発達支援研究2」ジアース教育新社

第Ⅲ部　｜論説｜

# 育成を目指す資質・能力とキャリア発達支援

秋田県教育庁特別支援教育課　主任指導主事　清水　潤

## 1　はじめに

　本稿のテーマについては、本誌第5巻において、新学習指導要領等を基に論じた。その中では、育成を目指す資質・能力について、「生きる力」「教科等横断的な視点に立った資質・能力」「他のキーワード」「学校教育目標等」との関係から述べた。

　本稿では、国立特別支援教育総合研究所知的障害教育研究班の基幹研究「知的障害教育における『育成すべき資質・能力』を踏まえた教育課程編成の在り方－アクティブ・ラーニングを活用した各教科の目標・内容・方法・学習評価の一体化（平成27・28年度）」（以下、特総研の研究。）及び関連文献を基に論じる。

　なお、育成を目指す資質・能力については、各学校の教育課程や各教科等の年間指導計画等の基となる学校教育目標等に着目し、キャリア発達支援との関連については「3　具体的実践を踏まえて」から述べる。なお学校教育目標等の「等」は、学校教育目標を具現化するために各校が設定している「目指す子供像」などを示している。また、特総研の研究の『育成すべき資質・能力』については、研究開始時の言葉をそのまま使用したことに留意していただきたい。

## 2　特総研の研究とキーワードの関係について

　特総研の研究は、研究1「知的障害教育における『育成を目指す資質・能力』についての具体的検討」、研究2「研究協力校の実践に基づく知的障害教育分野でのアクティブ・ラーニングの検討」、研究3「知的障害教育における教育目標と内容・指導方法、学習評価が一体的につながりを持つための工夫の検討」の3つの研究で構成している。本稿では、学校現場で参考にしやすい具体例として、研究2における研究協力校の取組を取り上げる。なお、研究1と研究3については、研究成果報告書を参照していただきたい。

### （1）育成を目指す資質・能力と学校教育目標等

　研究協力校5校の学校教育目標は、次のとおりである。

> ・一人一人の障害の状態や能力・特性に応じ、社会自立・職業自立に必要な基礎・基本の定着を図るとともに生きる力を育成し、個性が輝く教育を推進する。
> 　　　（千葉県立特別支援学校流山高等学園）

・一人一人の特性に応じた教育を行い、その可能性を最大に伸ばし、社会参加や自立につながる生きる力を育てる。
（広島県立庄原特別支援学校）
・たくましく生きぬく力をもつ子どもの育成
〜すべての子どもの自立、社会参加、就労の実現を目指す〜
（愛媛大学教育学部附属特別支援学校）
・児童生徒が自己の能力や個性を発揮し、一人一人がそれぞれの自己実現と社会参加を図るために必要な知識・技能・態度及び習慣を育成する。
（長崎県立鶴南特別支援学校）
・自分のもつ能力や可能性を最大限に伸ばし、共に生きる力を身に付け、家庭生活や社会生活を可能な限り自立的に営み、社会参加できる人間性豊かな児童生徒を育成する。
（鹿児島大学教育学部附属特別支援学校）

　以上の学校教育目標からは、全ての学校が、子供たち一人一人の自立と社会参加や生きる力の育成を目指していることが読み取れる。なお、各校では、学校教育目標を踏まえて、「目指す子供像」「目指す児童生徒像」「育てたい力」「育てたい子供像」を設定している。
　育成を目指す資質・能力は、生きる力の現代的な意義を踏まえてより具体化し、教育課程を通じて確実に育むことを求め、示されたものとされている。よって今後は、これまでの学校教育目標等を踏まえた教育課程や教育活動の蓄積を基盤としながら、子供たちに必要な資質・能力を現在及び将来の社会の文脈の中で捉え直し、学校教育目標等を設定し、教育課程等に反映させていく必要があると言える。
　なお、特別支援学校教育要領・学習指導要領

解説総則編（幼稚部・小学部・中学部）（以下、解説総則編。）には、各学校において教育目標を設定する際の重要な点の一つとして、「学校として育成を目指す資質・能力が明確であること」が示されている。

## （2）鹿児島大学教育学部附属特別支援学校の取組〜育てたい力について〜

　鹿児島大学教育学部附属特別支援学校では、新学習指導要領に向けた中央教育審議会の審議の過程を踏まえながら、平成27年度に児童生徒に育てたい力を次のとおり整理している。

・「基礎・基本」一人一人が各教科等における基礎的・基本的な知識や技能を身に付けること。
・「主体性」一人一人が学習の主体者として、進んで学習活動等に取り組むこと。
・「思考・判断・表現」一人一人が、今やこれまでの学習で身に付けた力を適切に選択したり、組み合わせたりしながら思考、判断して、課題を解決し、それを自分なりの方法で表現すること。
・「人間関係」共に学ぶ仲間と適切に関わりながら学習活動に参加することや、学習活動を通して一人一人が身に付けている力を発揮し合いながら課題を解決したり、互いの力を更に高め合ったりすること。

　児童生徒に育てたい力の整理に当たっては、学校教育目標など現在の教育課程に示されている育てたい力から整理する過去及び現在志向と、これからの時代を生きていくために必要と思われる力を基に整理する未来志向の、2つの考え方を大事にしている。また、育てたい力の整理には、全教職員が関わっている。新学習指導要

第Ⅲ部 ｜論説｜

領が公示される前の整理ではあるが、考え方や全教職員の関わりなど、学校として育成を目指す資質・能力を明確にする過程は参考になる。

なお、育成を目指す資質・能力の三つの柱と児童生徒に育てたい力の関係は、知識及び技能が「基礎・基本」、思考力・判断力・表現力等が「思考・判断・表現」、学びに向かう力・人間性等が「主体性」「人間関係」となっている。

また、学校として整理した児童生徒に育てたい力を、「授業計画シート」である単元・題材計画に具体的に反映させ、資質・能力が確かに育まれるように単元・題材の構成や展開を工夫していることも参考になる。

### （3）学校教育目標と学部目標等

研究協力校の実践は、いわゆる「アクティブ・ラーニング」の視点を踏まえた授業改善が中心テーマとなっているため、学校教育目標と学部目標の関連については、詳しく示されていない。本誌第5巻で述べたとおり、中央教育審議会「幼稚園、小学校、中学校、高等学校及び特別支援学校の学習指導要領等の改善及び必要な方策等について（答申）」（平成28年12月21日）において、特別支援学校の具体的な改善事項として示された次の点は、複数の学部を設置する多くの特別支援学校に対し、学部目標の明確化等を示した重要な考え方と言える。

---

⑥ カリキュラム・マネジメントの考え方
「社会に開かれた教育課程」の観点から、子供たちが卒業後に社会で生活する姿を描き、それぞれの学校において、<u>各部段階を通じてどのような子供たちを育てようとするのか</u>、そのためにはどのような教育を行

---

うことが適当か等の基本的な考え方を明確にした上で教育課程編成に必要な考え方を示すことが必要である。

（下線は筆者）

---

また、学校・学部・学年・学級経営のつながりを考えると、学校教育目標と学部目標の関連、そして、学年目標や学級目標との関連へとつなげる必要があり、解説総則編の第3編の第2章の第5節の1には次のとおり示されている。

---

（1）学級経営、児童生徒の発達の支援
（略）学級担任の教師は、学校・学部・学年経営を踏まえて、調和のとれた学級経営の目標を設定し、指導の方向及び内容を学級経営案として整えるなど、学級経営の全体的な構想を立てるようにする必要がある。

---

なお、新学習指導要領の総則には、学校教育全体として「児童生徒の発達の支援」が位置付けられ、その中に学級経営の充実やキャリア教育の充実等が示されている。一人一人の発達について、必要な事項を関連付けながら、理解を深めたい。

## 3 具体的実践を踏まえて

### （1） 愛媛大学教育学部附属特別支援学校の取組〜学校教育目標等とキャリア発達支援〜

学校教育目標等とキャリア発達支援を関連付けた具体的実践として、特総研の研究協力校である愛媛大学教育学部附属特別支援学校（以下、本校。）の取組について述べる。

本校ではこれまで、学校教育目標を具現化する方法として「キャリア発達段階・内容表」等を作成・活用するなど、キャリア教育の視点に立ち、小学部・中学部・高等部12年間の一貫

性・系統性ある教育活動を推進してきている。また、学校教育目標が授業実践につながるように、キャリア教育の視点と併せて、目指す子供像と育てたい力、内面の働く確かな学びの姿を具体的に設定している。

図1は、学校教育目標を踏まえた手立て・仕掛け（授業）により、「働く生活」の実現（人生の質の向上）につなげていくことを示しており、学校教育目標にある「自立、社会参加、就労」の実現が、「働く生活」の実現という示し方になっている。図1からは、キャリア教育に関する文言が多く含まれていること、「たくましく生きぬく力」や「すべての子ども」など、学校の実態や時代の様々な動向を踏まえて学校教育目標を明確に設定していることが読み取れる。

図2は、様々な生活の場において、育ちの年齢や段階にふさわしい「深い学び」の積み重ねにより、「働く生活」の実現（人生の質の向上）につながることを示している。「育ちの年齢や段階にふさわしい」という表現は、キャリア発達の定義「社会の中で自分の役割を果たしながら、自分らしい生き方を実現していく過程」の「自分らしい」という表現と重なるところがある。

図3は、学校教育目標を踏まえて目指す子供像を設定し、目指す子供像に迫るために育てたい力を設定していることを示している。また、目指す子供像には、キャリア発達の定義が反映されていることが読み取れる。なお、育てたい力の4つの側面は、新学習指導要領が公示される前の設定であることに留意していただきたい。

図4は、児童生徒の主体的行動における内面に焦点を当て、内面の働く確かな学びの姿を設定し、育成を目指す資質・能力（育てたい力）につなげていくことを示している。子供の内面に焦点を当てていることは、本人を主体とし、学びの過程を大事にしている表れでもあり、キャリア発達支援を視点としていることが分かる。

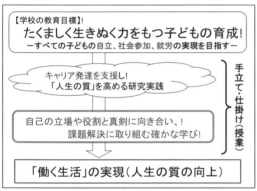

図1 学校教育目標と「働く生活」の実現

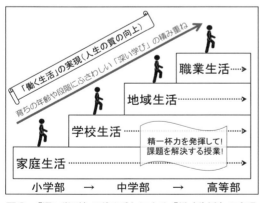

図2 「深い学び」の積み重ねによる「働く生活」の実現

図3 目指す子供像と育てたい力

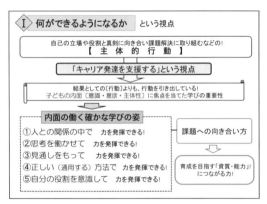

図4 主体的行動と内面の働く確かな学びの姿

## （2）本校の取組から学ぶこと

　本校の取組からは、キャリア教育の視点に基づくこれまでの取組を基盤としながら、目指す子供像や育てたい力、内面の働く確かな学びの姿にキャリア教育の視点を明確に反映させ、学校教育目標等を確かに実現できるようにしていることが分かる。特に、本稿のテーマ「育成を目指す資質・能力とキャリア発達支援」からすると、そもそもの学校教育目標の設定に学ぶところが多い。

　なお、各校において、本稿テーマを考える際には、育成を目指す資質・能力とキャリア発達支援の視点を反映したキャリア教育全体計画を再確認することから始めるとよいのではないだろうか。

　また、本校では、授業づくりの3つの柱として、「単元・学習内容設定の工夫」「学習環境・支援の工夫」「評価の工夫」を設定している。特総研の研究成果報告書には、これまで示した取組を踏まえた実践事例として、小学部花組（3・4年生）の生活単元学習「はなぐみ　ふゆのレストランをしよう」を掲載している。参考にしていただきたい。

## 4　特別支援学級の取組の充実に向けて

　小・中学校等においても、育成を目指す資質・能力とキャリア発達支援に関する理解や取組が進められていると推察するが、特別支援学級における取組はいかがであろうか。特別支援学級における取組の充実に向け、必要と考えられることを3点述べる。

### （1）特別支援学級の実態も踏まえた学校教育目標の設定と特別支援学級の目標との関連

　小・中学校等においても、特別支援学校と同様に、学校として育成を目指す資質・能力を明確にしながら、学校教育目標等が設定されていると推察する。その際、特別支援学級の子供たちの実態も踏まえた設定が重要と考える。これにより、学校教育目標等と特別支援学級の目標の関連が図られるとともに、インクルーシブ教育システムの充実に向けた基ができていくと考える。

　キャリア教育全体計画における特別支援学級の取組の位置付けも同じ考え方である。当たり前のことと思われるが、新学習指導要領の実施に向けた準備や取組が進む中、改めて共通理解を図りたい。

### （2）特別支援学級における一人一人を大事にした取組の充実と発信

　特別支援学級では、学級目標を踏まえながら、教育課程や各教科等の年間指導計画を基に実践の充実を図ることにより、一人一人に必要な資質・能力を育成し、キャリア発達を促していくことが大切である。併せて、一人一人を大事に

した取組を学校全体に発信していくことも大切である。

新学習指導要領の総則に、学校教育全体として「児童生徒の発達の支援」が位置付けられ、その中に学級経営の充実やキャリア教育の充実等が示されていることを先述した。また、「児童生徒の発達の支援」には、特別な配慮を必要とする児童生徒として、障害のある児童生徒等への対応が示されている。一人一人を大事にした取組を、特別支援学級から学校全体に発信することにより、その取組の重要性が、学校全体で認識されることにつながると考える。

### （3）特別支援学校のセンター的機能の発揮

特別支援学級の実践が充実するためには、特別支援学校がセンター的機能を発揮し、参考になる自校の取組等について、情報提供していく必要がある。

育成を目指す資質・能力とキャリア発達支援に関しては、学校教育目標又は学部目標と学級目標の関連の図り方や、一人一人に必要な資質・能力が育成され、キャリア発達を促すような実践が求められると考える。また、一人一人の資質・能力やキャリア発達の見取りの方法についても支援を求められる可能性があることから、特別支援学校教員は、子供一人一人を見取る力を一層高めていく必要があると言える。

## 5　おわりに

育成を目指す資質・能力とキャリア発達支援をテーマに、特別支援学校における取組事例と特別支援学級の取組の充実について述べてきた。特に、育成を目指す資質・能力については、

学校教育目標等に着目した。

子供たち一人一人に必要な資質・能力の育成を目指し、実践を進め、キャリア発達を促していくためには、個別の指導計画等ももちろん大切ではあるが、学部・学年・学級目標、教育課程や各指導計画、キャリア教育全体計画の基となる学校教育目標等に全教職員が改めて着目し、理解を図る必要があるのではないだろうか。その上で、学校教育目標等が、保護者や地域、関係者など社会の方々と共有されることにより、学校の全ての子供たちの生活全体を捉え、将来を見通しながら共に育てていく土台ができていくと考える。

**引用・参考文献**

・中央教育審議会（2016）幼稚園、小学校、中学校、高等学校及び特別支援学校の学習指導要領等の改善及び必要な方策等について（答申）
・文部科学省（2017）小学校学習指導要領（平成29年告示）
・文部科学省（2017）特別支援学校小学部・中学部学習指導要領
・文部科学省（2018）特別支援学校教育要領・学習指導要領解説総則編（幼稚部・小学部・中学部）
・国立特別支援教育総合研究所（2017）基幹研究「知的障害教育における『育成すべき資質・能力』を踏まえた教育課程編成の在り方－アクティブ・ラーニングを活用した各教科の目標・内容・方法・学習評価の一体化（平成27・28年度）」研究成果報告書
・国立特別支援教育総合研究所（2017）平成28年度国立特別支援教育総合研究所セミナープレゼンテーション資料
・キャリア発達支援研究会（2018）キャリア発達支援研究5，ジアース教育新社
・清水　潤（2018）「育成を目指す資質・能力」を踏まえた実践の充実に向けて，特別支援教育研究№727，東洋館出版社
・清水　潤（2019）特別支援学校学習指導要領に基づく学級経営の在り方，「知的障害特別支援学校における深い学びへのアプローチ～『主体的・対話的で深い学び』の視点からの授業改善」，東洋館出版社

# 3 主体的・対話的で深い学びとキャリア発達支援

弘前大学大学院教育学研究科　教授　菊地　一文

## 1　はじめに

　本稿では、標題について特別支援学校学習指導要領等（2017）の記述に基づき、特別支援学校等における実践を踏まえて解説するとともに、キャリア発達支援との関連を踏まえつつ、これまでの取組の知見が今後の小・中学校等におけるキャリア発達支援の充実に資する可能性について検討する。

## 2　「主体的・対話的で深い学び」とは

　「主体的・対話的で深い学び」は、児童生徒の「学習過程」を重視し、「どのように学ぶか」を踏まえるとともに、「主体的」「対話的」「深い」という3つのキーワードに基づいて、授業等の改善と充実を図ることを目指すものである。
　このことは学習指導要領の前文に示された「社会に開かれた教育課程」の実現に向け、「何ができるようになるか」を踏まえ「育成を目指す資質・能力」の3つの柱が明示されたこと、そしてその柱に基づいて各教科等における目標や内容の充実を図り「何を学ぶのか」について明確にしたことと関連している。また、これらを踏まえることによって教育課程を軸に学校教育の改善・充実の好循環を生み出す「カリキュラム・マネジメント」にも関連する。
　さて、中央教育審議会における議論を反映した新しい学習指導要領等では、「主体的・対話的で深い学び」における「学び」を捉える3つのキーワードについて、以下のように解説している。

① 学ぶことに興味や関心を持ち、自己のキャリア形成の方向性と関連付けながら、見通しを持って粘り強く取り組み、自己の学習活動を振り返って次につなげる「主体的な学び」が実現できているか。

② 子供同士の協働、教職員や地域の人との対話、先哲の考え方を手掛かりに考えること等を通じ、自己の考えを広げ深める「対話的な学び」が実現できているか。

③ 習得・活用・探究という学びの過程の中で、各教科等の特質に応じた「見方・考え方」を働かせながら、知識を相互に関連付けてより深く理解したり、情報を精査して考えを形成したり、問題を見いだして解決策を考えたり、思いや考えを基に創造したりすることに向かう「深い学び」が実現できているか。（下線は筆者による）

　これらの記載から、「主体的な学び」におい

ては「なぜ・なんのため」を踏まえることが、「対話的な学び」においては人・こと・物などとのかかわりや刺激の工夫が、「深い学び」においては学びの一連のプロセスを踏まえることや各教科の見方・考え方を活かすことが必要であることが読み取れる。

すなわち「主体的・対話的で深い学び」は、単独の授業で実現できることではなく、「時間的流れ」である学習の一連のプロセスの中で、教科等横断的な「空間的広がり」を踏まえていくことが前提となり、組織的、計画的な取組を意図し進める中で、「環境との相互作用」により児童生徒一人一人の中で生じる「個」の学びや育ちに目を向けることが肝要であると言える。

## 3 キャリア発達支援との関連

現行の特別支援学校高等部学習指導要領（2009）に「キャリア教育の推進」の文言が位置付けられてから約10年が経過し、この間に文部科学省委託事業や都道府県単独事業、あるいは学校研究をとおしてキャリア教育の実践が積み重ねられてきた。その取組の成果として次の3点が挙げられる。

1点目は、地域リソースの活用による、学校内完結に留まらない豊かな地域協働活動の推進と充実である。この取組は「社会に開かれた教育課程」や「カリキュラム・マネジメント」の側面の1つとして示された事項に通ずると捉えることができる。

2点目は、4領域8能力（国立教育政策研究所生徒指導研究センター，2004）、基礎的・汎用的能力（中央教育審議会，2011）、知的

障害のある児童生徒のキャリアプランニング・マトリックス（国立特別支援教育総合研究所，2010）等の「育てたい力」に基づいた授業及び教育課程改善である。この取組は「育成を目指す資質・能力」に通ずると捉えることができる。

3点目は振り返りと言語化、対話を重視した実践や、その中で本人の「思い」や「願い」を大切にし、「内面の育ち」に着目した実践など、「キャリア発達」を支援する取組である。この取組は「主体的・対話的で深い学び」のまさに「対話的で深い学び」に通ずると捉えることができる。

このように学校現場において取り組まれてきた「キャリア教育」の成果は、新しい学習指導要領の主要なキーワードと密接に関連していると捉えることができる。

なお、これらの学校現場における取組の出発点となる知見が国立特別支援教育総合研究所による一連のキャリア教育研究（2008,2010）であると言える。当時、キャリア教育の根幹である「キャリア発達」については、定義の紹介と解説程度であったが、その後、各自治体による事業や学校現場における取組をとおして実践を踏まえた本質的かつ組織的理解が進められてきた。また、その動向は、知的障害のみならず、肢体不自由やいわゆる重度・重複障害のある児童生徒を対象に広がってきている。

## 4 主体的・対話的で深い学びの実際

ここでは、特別支援学校（知的障害）における教科別の指導と専門教科の2つの実践の紹介をとおして「主体的・対話的で深い学び」につ

いて考えてみたい。

### （1）中学部数学科「長さくらべ」の実践

　本単元は、さまざまな活動の中で必要とされる「測定」と「比較」、そしてこれらに基づく「判断」ができることをねらい、生徒たちがより実際的な状況下で共同作業をとおして課題を解決していくものである。具体的には、直接比較することが難しいものの長さを身近な具体物を使ってそれぞれ測り、間接比較することによって適切に判断することをねらった実践である。

　本稿で紹介する授業は、その1つとして「カーリング」を取り上げたものである。カーリングとは、近年注目が高まっている氷上で行われるスポーツである。本授業が行われたのが初冬の時期ということもあって、ニュース等で取り上げられることもあり、生徒は高い関心を示していた。カーリングのルールは、簡単に言うとストーンを目標となるサークルの中心に向かって滑らせ、より中心に近いところにおいたほうが勝ちとなるというものである。

　生徒たちは、チームに分かれてそれぞれの結果について測定していくという流れで授業は展開していく。測定の方法は、紙テープを使い、その上にホッチキスの芯の箱を重ねていき、○個分という具体的作業を取り入れており、知的障害のある生徒にとって分かりやすく、共同しやすい、具体的な活動である。

この授業を見ていた筆者は当初少々不安となった。それは、カーリングのルー

ルは中心から近いほうが勝ちであり、長さ比べでは「短い」ほうが優位となるからである。「長さ比べ」の活動では長い方が優位であることが多く、生徒たちもそのようなイメージをもっていると推察される。

　知的障害のある児童生徒はこのようなルールと方法の適用があまり得意ではなく、混乱してしまうことが少なくない。

　しかしながら、筆者の不安は杞憂に終わり、生徒たちは無事課題を解決した。

　指導者は、次の2点の工夫をしていた。

　1点目は、指導計画の工夫である。この単元では2つの活動を設定しており、カーリングは2つ目の活動であった。1つ目は、紙飛行機を飛ばし、その距離を比べる活動を設定していた。すなわちルールと方法が一致した活動をとおして確実に定着させていたのである。「何を学んだか」だけではなく「何が身についたか」を踏まえ、身に付けた「知識・技能」を活用し、「思考・判断・表現」できるように指導計画を工夫したのである。

　2点目は、各教科の見方・考え方を働かせる工夫である。この授業においてカーリングの結果を「比較する」際には、「長い」「短い」ではなく、「遠い」「近い」ということばを使用している。いわゆる「国語」として、ことばの使用に着目させることにより、混乱を避けたのである。

　本時で身に付けた力が、さらに数学の次の単

元や他教科の単元に活かしていくことで、生徒の「深い学び」が期待される。

## （2）高等部流通サービス科の実践

本単元は、自動販売機の導入・管理を生徒たちが分業により進めるとともに、よりよくするためにはどのようにしたらよいかを話し合い、解決していく実践である。

生徒たちは、まず自動販売機の導入において、一番よく売れるものは何かを予想した。生徒たちの予想はジュースであったが、実際に売り上げを集計しデータを打ち込んでいくと、結果としてよく売れているものは水かお茶であった。

さらに月別の集計を気温との関係で整理し、グラフにしていくと、7～8月など、夏季においてそれが顕著であったことに気づく。暑い時期に身体はどのようなものを欲するのかについても考えていく。

ここでは「理科」「保健」「情報」など、多様な共通教科の「見方・考え方」を働かせ、生徒同士の対話をとおして事象の背景に迫っていくことにより、生徒たちはこれまでの自分の物事の捉え方を大きく変えていくのである。

もう一点、この授業において筆者が考えさせられた場面がある。それは、補充用の缶コーヒーをセットする工程において、ケースを見た他の担当の生徒が、一個だけ缶コーヒーの向きを直したのである。筆者はASDのある生徒がこだわりから向きを直したのではと推察したが、改めて本人にどうしてそうしたのかを聞いてみた。すると、その生徒は缶コーヒーの側面にある数字とアルファベットの記号を指さし、製造年月日を意味していることを筆者に説明したのである。

補充は、自動販売機の上部から入れられ、下から順次出て行く。売れ残りがあっては困るので、製造年月日の確認が大切なのである。その生徒は自分の担当ではないものの、補充を担当する生徒が作業しやすいように向きを直したのである。

筆者は驚くとともに、このことを指導者に伝え、どのように指導したのかを聞いてみた。すると指導してはいないが、作業活動については、日頃から生徒たち同士でどのようにしたらよいかを振り返り、話し合ってきたため、売れ残りが多いものや消費期限のことなど、担当以外のことでも「なぜ・なんのため」「何を」「どのように」する必要があるのかを学び合い、理解していたようであった。

本事例から筆者は、「深い学び」は「習得・活用・探究という学びの過程の中で、各教科等の特質に応じた『見方・考え方』を働かせながら」という前提のもと、教師が教えていないことや、生徒のつまずきからも得られるということ、まさに個々の物事との向き合い方という学びや育ちの現れとしても「深い学び」が得られると捉えた。

## 5　学校現場における課題

昨今「主体的・対話的で深い学び」をテーマに研究に取り組む学校が少なくない。そこで展開されている授業で多く見られるのは「話し合

い活動」である。

しかしながら、そのような場面を設定すれば「対話的な学び」が実現するかと言えば、そう簡単ではないようである。また、特別支援学校においては、発語のない児童生徒の「対話」をどのように捉えるかが大きな課題となっていることが少なくない。

このような課題を踏まえ、各地の特別支援学校や小・中学校等の授業実践の参観をとおして「対話的な学び」のポイントと考えられる5点を次に示す。

### ① 対話の双方向性

「対話」は相手の「思い」「考え」に応じ、伝えようとすることと理解しようとすることが前提となる。「伝える」ことと「聴く」ことの双方を大切にし、言語活動を量的に捉えるだけでなく、質的に捉える必要性がある。

### ② 自己内対話（「思い」「願い」）への着目

障害や発語の有無にかかわらず、他者を含む外界からの刺激に対して本人の中で起こる疑問、共感、推察、確信等の「思い」「願い」がある。これらの「自己内対話」の理解に努め、大切にする必要がある。

### ③ 「問い」の重要性

思考・判断・表現する前提となる「問い」が重要である。「できたかどうか」だけではない「なぜ・なんのため」「どうして」「どうしたい」という本人の「思い」を踏まえた多様な答えが得られる問いの工夫が必要である。時には距離を置いて「見る」ことや「立場（役割）を変える」ことで本人が気づけることもある。

### ④ 心が動く豊かな体験と「振り返り」

相手の求めに応じる、共同解決する、つまず

きが解決されるなど、「できた」「認められた」「人の役に立った」と感じられる豊かな体験や振り返りの機会が大切である。

### ⑤ 対話促進と課題解決のための具体的方策

対話を促進させる環境設定や構造化、可視化、ツール、サイズ、時間設定や回数等、指導計画の検討が大切である。教師の側でファシリテーションスキルを高め、児童生徒のリーダーとフォロワーの関係にも着目していく必要がある。

## 6　今後の充実に向けて

小・中学校等における特別支援教育の推進、あるいはキャリア教育の一層の充実に向け、筆者が着目していることと、今後の可能性について2点述べる。

1点目は地域協働活動が示唆することとその可能性である。

地域協働活動の成果としては、従前からキャリア発達の相互性や同時平行性が挙げられており、その活動は共に活動するだけでなく、「支援する・される」ことを越え、社会貢献に至っている。

例えば特別支援学校高等部の生徒が外部講師として招聘され、小学校の通常の学級の児童に農産物の生産と販売について教える活動や、特別支援学校小学部の児童が幼稚園保育園の幼児に自分たちが作り楽しんだゲームや遊びを披露し、体験し喜んでもらうなどの活動が挙げられる。これらの活動において障害のある児童生徒のキャリア発達の促進はもとより、障害のない児童生徒や大人にも影響を与えてきている。

2点目は小・中学校等における取組が示唆す

ることと、その可能性についてである。

　新しい学習指導要領の趣旨を踏まえた取組の試行においては、教育課程が異なる通常の学級においても知的障害教育をはじめとする特別の教育課程において意図され、実践されてきたような実践が見られており（菊地, 2018）、これらの実践の充実はこれまでの成果を踏まえ、「キャリア発達」を促すキャリア教育の充実が全ての校種・学校学部段階を越えて総則に位置付けられたことや、4つのキーワードの解説等においてその関連が示されていることが大きいと考える。また、これらの位置付けは「キャリア教育における教育課程は competency-based-program であること」（木村・菊地, 2011）を再確認させるものである。

　改めて教育活動全体をキャリア発達支援の視点から捉え直すことは、すべての児童生徒の意欲や自己有用感を大切にした実践の充実につながり、授業を行う教師、児童生徒を受け入れる産業現場や通常の小・中学校等、かかわる者にとって重要な気づきや変化を促す契機となる。

　これまでは、障害の有無や学校種、あるいは学校や地域といった場や年齢などの「違い」は障壁と捉えられがちであった。しかしながら、新しい学習指導要領が示した学校種別を越えた共通言語に基づき、連続した多様な学びの場を越えて知見を共有していくことや、場を越えた接点を工夫し、双方にとっての「十分な教育」を目指すことにより、新たな価値の創造や融合を生み出すチャンスとなり得る。

　新しい学習指導要領の趣旨を踏まえ、環境側の変化にも目を向け、効果的な実践の在り方を再考し、充実を図っていくことは「共生社会」

の形成に資すると考える。とりわけ教師にとって一番身近な課題である授業等に視点を当てた「主体的・対話的で深い学び」に関するアプローチは、その一歩となるであろう。

## 7　おわりに

　本稿では「主体的・対話的で深い学び」について解説し、キャリア発達支援との関係について言及するとともに、現状と課題、今後の可能性について検討した。

　筆者は学習指導要領等の公示によって、これまで本研究会や学校現場において試行し、議論により挙げられてきた知見の多くが整理され、重視すべきものとして確信につながったと捉えている。同時にカリキュラム・マネジメントをはじめとする今後解決すべき課題ついてもその方向性や具体的方策が示されたと捉えている。

　最後に「深い学び」は、キャリア発達を促すことと密接に関連することから、指導・支援にあたる我々にとっても「主体的・対話的で深い学び」が求められているということを指摘しつつ、今後の充実・発展を期待したい。

**文献**

菊地一文（2018）授業が有する価値に目を向け、つなぐ、発信する．特別支援教育研究 No.736, 東洋館出版社.

木村宣孝・菊地一文（2011）特別支援教育におけるキャリア教育の意義と知的障害のある児童生徒の「キャリアプランニング・マトリックス（試案）」作成の経緯．国立特別支援教育総合研究所研究紀要第38巻.

国立特別支援教育総合研究所（2008）知的障害者の確かな就労を実現するための指導内容・指導方法に関する研究 研究成果報告書.

国立特別支援教育総合研究所（2010）知的障害教育におけるキャリア教育の在り方に関する研究 研究成果報告書.

# 4 カリキュラム・マネジメントとキャリア発達支援

神戸親和女子大学発達教育学部児童教育学科　准教授　武富　博文

## 1 学習指導要領におけるカリキュラム・マネジメントの位置付けとキャリア発達支援

　学習指導要領の改訂により、全ての校種において総則の中に「カリキュラム・マネジメント」の文言が位置付けられた。その初出部分は以下の通りである。

> 　各学校においては、児童や学校、地域の実態を適切に把握し、教育の目的や目標の実現に必要な教育の内容等を教科等横断的な視点で組み立てていくこと、教育課程の実施状況を評価してその改善を図っていくこと、教育課程の実施に必要な人的又は物的な体制を確保するとともにその改善を図っていくことなどを通して、教育課程に基づき組織的かつ計画的に各学校の教育活動の質の向上を図っていくこと（以下「カリキュラム・マネジメント」という。）に努めるものとする。【小学校学習指導要領第1章総則第1小学校教育の基本と教育課程の役割より引用】

　また、学習指導要領改訂の基本的な方向性を提言した中央教育審議会の答申では、カリキュラム・マネジメントについて、「学習指導要領等を受け止めつつ、子供たちの姿や地域の実情等を踏まえて、各学校が設定する学校教育目標を実現するために、学習指導要領等に基づき教育課程を編成し、それを実施・評価し改善していくこと」と示された。

　このようにカリキュラム・マネジメントが重要視される最大の理由は、変化の激しいこれから先の社会を生き抜くために必要な資質・能力、つまり「育成を目指す資質・能力」を、学校教育を通して最も効果的・効率的に育成するための方法を絶え間なく模索し、改善し続けることが必要であるとの認識に立つからである。

　その際、各学校は、在籍する児童生徒に対し、必要と考える資質・能力の育成を目指すが、そのためには、学校のみならず家庭や地域を含め、社会総掛かりで児童生徒の成長と発達を支えていくことが必要かつ効果的と考えられ、何ができるようになるかや何を学ぶか等についても社会と共有することが重要となる。そこで教育課程を社会に開き、目的や方向性を共有する中で、保護者や地域住民等の参画を得ながら児童生徒の教育に当たるとともによりよい教育を通してよりよい社会を創る営みを続けることが重要であるとの認識に立つものである。

　また、児童生徒に育成する資質・能力は現に実社会の中で生きて働くものであり、かつ、学

んでいることと実生活や将来の生活につながりがあることの実感がより一層重要視され、学習意欲を喚起するものでなければならない。そのためにも、学校が社会や世界と接点を持つことや、多様な人々とつながりをもつこと、学校そのものをはじめ、そこに集う児童生徒や教職員等が社会の中で一定の機能や役割を果たす関係づくりや環境づくりを行うことも必要となる。

キャリア発達とは、「社会の中で自分の役割を果たしながら、自分らしい生き方を実現していく過程」と定義されているが、その過程を「必要な基盤となる能力や態度を育てること」を通して、つまり今回の学習指導要領改訂において3つの柱で再整理された資質・能力を育成することを通して、「キャリア発達を促す教育を展開していくこと」がキャリア教育である。

社会に開かれた教育課程を標榜した取組を進めることは、必然的にキャリア教育を念頭においた各種の取組を組織的・計画的に実施することへとつながり、その点は、今回の学習指導要領の改訂においても早期の段階からこのことを認識した取組が重要であると位置付けられたところである。

具体的に明示された箇所の一例を挙げると以下の通りである。

> 児童が、学ぶことと自己の将来とのつながりを見通しながら、社会的・職業的自立に向けて必要な基盤となる資質・能力を身に付けていくことができるよう、特別活動を要としつつ各教科等の特質に応じて、キャリア教育の充実を図ること。
> 【小学校学習指導要領第1章総則第4児童の発達の支援より引用】

## 2　国立特別支援教育総合研究所のカリキュラム・マネジメントに関する研究とキャリア発達支援との関連

国立特別支援教育総合研究所の知的障害教育研究班ではカリキュラム・マネジメントに関連する研究として、「知的障害教育における組織的・体系的な学習評価の推進を促す方策に関する研究－特別支援学校（知的障害）の実践事例を踏まえた検討を通じて－」（平成25年度～平成26年度）と、「知的障害教育における『育成すべき資質・能力』を踏まえた教育課程編成の在り方－アクティブ・ラーニングを活用した各教科の目標・内容・方法・学習評価の一体化－」（平成27年度～平成28年度）を実施した。

前者の学習評価に関する研究と関わって、中央教育審議会の教育課程部会のもとに位置付けられた特別支援教育部会では、知的障害教育における学習評価の重要性に関する審議が行われ、当時の研究代表であり特別支援教育部会の委員を務めた尾崎祐三氏は、その成果を踏まえて観点別学習状況の評価の重要性を指摘している。

その内容は以下の通りである。

> 知的障害教育においても観点別学習状況の評価の4観点で学習評価を行うことの有効性については、研究所の研究で明らかになっております。特に、観点別評価の4観点で分析的に学習状況を評価し、それを総括することによって子供の成長を捉えることができるとしております。
> 今後は、知的障害教育においても、育成すべき資質・能力の三つの柱に沿って、各教

科における子供の学習状況を分析的に捉える評価の観点に沿った学習評価に関する整理を検討する必要があると考えます。
【中央教育審議会初等中等教育分科会教育課程部会特別支援教育部会（第6回）議事録より一部抜粋引用】

上記に示された「研究所の研究」の中では、既にカリキュラム・マネジメントという文言を用いながら「カリキュラム・マネジメントの視点に立てば、学校において学習評価を実施する際、『組織化』の軸と『体系化』の軸の双方から、関連する要因を調和的にコントロールして取り組んでいくことが必要である。」と言及し、学習評価に直接的に関わる7つの要因と間接的に関わる7つの要因とを明らかにした上でその工夫の重要性について指摘している。この際の「間接的に関わる7つの要因」とは、この度の学習指導要領の構成の枠組みとなった6つの柱である「①何ができるようになるか、②何を学ぶか、③どのように学ぶか、④子供一人一人の発達をどのように支援するか、⑤何が身に付いたか、⑥実施するために何が必要か」という考え方と多くの部分で符合しており、教育課程のPDCAサイクルの中軸として学習評価を位置付けた研究となっている。つまり、学習評価を中心に据えながら教育課程を改善する不断の取組の重要性について示唆したものであり、児童生徒のキャリア発達そのものを見取りながら教育課程の改善を図る営みの在り方について提言を行ったものと言い換えることができる。

なお、この研究が基となって平成31年1月21日に中央教育審議会初等中等教育分科会教育課程部会から公表された「児童生徒の学習評価の在り方について（報告）」では、「知的障害者である児童生徒に対する教育を行う特別支援学校の各教科においても、文章による記述という考え方を維持しつつ、観点別の学習状況を踏まえた評価を取り入れることとする。」と言及されたところである。

さて、この研究に続く後者の教育課程編成に関する研究は、その構成に関して、知的障害教育における育成を目指す資質・能力をどのように捉えればよいのか、OECDが提唱するキー・コンピテンシーの要素を整理するとともに、実際に特別支援学校で整理されている「育てたい力」の分析を行うことで、資質・能力の具体像を示すことを目的とした研究1と、アクティブ・ラーニングに関する文献研究に基づく情報収集を図ると同時に、知的障害教育におけるアクティブ・ラーニングを踏まえた実践の成果と課題の検討を進める研究2、知的障害教育における教育目標と内容・指導方法、学習評価が一体的なつながりをもつために必要な要素やシステムについて検討することを目的に、文献研究及び研究協力機関における実践の情報収集、更には、全国特別支援学校知的障害教育校長会の情報交換アンケートの分析を行う研究3の3部構成となっている。

特に研究2に関しては、中央教育審議会における審議の中で、「アクティブ・ラーニング」について「特定の学習や指導の『型』に拘泥する事態を招きかねないのではないか」などの危惧を理由に、「『主体的・対話的で深い学び』を実現するために共有すべき授業改善の視点」として位置づけられたことを踏まえ、知的障害教

育分野において考慮すべき事項をまとめている。具体的には、「障害の程度や状態に応じた活動を行うためには学習目標の工夫が必要となる」こと、「特に、言語コミュニケーションが困難な子供の場合には、周囲の子供や大人の発する非言語メッセージや環境にある状況を読み取って、主体的に行動することなども学習目標として対象となる」こと、加えて「主体的な行動ができるように見通しを持たせたり、自分の活動内容を振り返ったりできるような支援教材が必要となる」ことなどを挙げており、カリキュラム・マネジメントの視点を踏まえて目標の設定や支援教材の工夫について言及している。

また、研究3に関しては、全国特別支援学校知的障害教育校長会との協働によるアンケート調査の結果分析に基づき、カリキュラム・マネジメントを促進する8つの要因を明らかにし、「カリキュラム・マネジメント促進フレームワーク」の活用を提案している。カリキュラム・マネジメントを促進する8つの要因の明示とは、「①ビジョン作り（コンセプト作り）、②スケジュール作り、③場作り、④体制（組織）作り、⑤関係作り、⑥コンテンツ作り、⑦ルール作り、⑧プログラム作り」であるが、言い換えれば「①何のために、②いつ、③どこで、④誰と、⑤誰が、⑥何を、⑦どのように、⑧どうするのか」について明確にすることが重要であることを示唆するものであり、このことは、児童生徒一人一人のキャリア発達を支援する際に重視すべき基本的要素と合致するものである。更に見方を変えれば、毎回の授業づくりにおいて考慮すべき視点でもあり、単元や年間計画といったより長期的なスパンで検討する際にも必

要な視点でもある。また、学級レベルや学年レベル、学部レベル、学校全体レベルといった多様な組織レベルにおいても検討するべき視点でもある。つまり、児童生徒の存在そのものや成長・発達（変化・変容の姿）を時間軸や空間軸で捉えながらキャリア発達を支援する教育を展開する視点を内包しているものである。同時にカリキュラム・マネジメントを促進する8つの要因と学習指導要領改訂の6つの柱とをクロスさせた　カリキュラム・マネジメント促進フレームワークは、「カリキュラム・マネジメントに係る実践的なアイディアの創出や学校経営意図の明確化・具体化等、カリキュラム・評価の『着眼点』を示す」ことを念頭に置いて提案されているが、前述の通り、児童生徒一人一人のより良いキャリア発達を支援する観点から検討すべき項目を網羅する枠組みを提起するものであり、児童生徒のキャリア発達のみならず教職員や学校組織全体、さらには地域住民等を含めたコミュニティそのものやその形成者が人づくりや地域づくりの視点からも活用できるフレームワークとなっている。誤解を恐れずに言えば、学校の役割として第一義的にはそこに通う児童生徒の人格の形成や個性の伸長といった教育機能が最も重要であるが、実は「教育課程」を育てながら児童生徒のキャリア発達を支援することが重要であり、社会に開かれた教育課程の理念を実現するということは、即ち「教育課程そのもののキャリア発達」、つまり、教育課程を人に見立てると「教育課程そのものが社会の中で役割を果たしながら、当該学校の特色ある教育計画としての在り方・生き方（生かされ方）を実現していく過程をも念頭に置いた取組

が重要となるということである。

　以上の視点は、研究対象として特別支援学校（知的障害）を中心に据えて考察されたものであるが、障害種や学びの場を限定した話題ではなく、全ての障害種や障害の有無にもとらわれない多様な学びの場における教育に共通する視点として捉えられる内容・考え方である。

## 3　小・中・高等学校等における今後の取組

　今後、全ての学校種においては、新学習指導要領を踏まえて「各教科等での学びが、一人一人のキャリア形成やよりよい社会づくりにどのようにつながっているのかを見据えながら、各教科等をなぜ学ぶのか、それを通じてどういった力が身につくのかという、教科等を学ぶ本質的な意義を明確にすること」が必要となる。

　学ぶことの意義を実感することに関連しては、例えば、2015年に実施された学習到達度調査（PISA）における生徒質問調査の結果から、日本の生徒がOECD加盟諸国の平均よりも低い値を示している状況があったことに留意しなければならない。具体的には、「理科学習に対する道具的な動機付け」の項目（例えば、「将来自分の就きたい仕事で役に立つから努力して理科の科目を勉強することは大切だ」、「理科の科目を勉強することは将来の仕事の可能性を広げてくれるので、私にとってやりがいがある」などの項目）について、OECD加盟諸国の平均よりも低い値を示している状況があったことである。また、学校の学習環境と教員の勤務環境に焦点を当てたOECDの国際調査であるTALIS2018の結果を概観しても、主体的・

対話的で深い学びの視点からの授業改善や探究的な学習に関わる指導実践について、頻繁に行う日本の小・中学校の教員は、OECD加盟諸国の平均よりも相対的に低い値を示している。具体的には「児童生徒が学習の価値を見出せるように手助けをする」こと、「新しい知識が役立つことを示すため、日常生活や仕事での問題を引き合いに出す」こと、「勉強にあまり関心を示さない児童生徒に動機づけをする」ことといった項目でOECD平均より顕著に低い値を示している点である。

　一方で、これらの値については、比較可能な過去の日本のデータにおいて、より多くの項目で改善傾向を示している状況にあり、児童生徒にとって学ぶことの意義等を十分に理解できる学びの文脈の創造が徐々に改善されつつある。

　具体的には2019年4月に実施され、7月末に結果が公表された全国学力・学習状況調査における児童生徒の興味関心や指導に関する質問紙調査結果からも上記のことが言える。小学校・中学校ともに例えば、国語科、算数・数学科の「勉強は大切だと思いますか」や「授業で学習したことは、将来、社会に出たときに役に立つと思いますか」という質問の回答は、過去3年程度の比較の中では最も高い比率で「当てはまる」や「どちらかといえば、当てはまる」という肯定的な回答を行っている状況がある。

　このことからも各教科等内における「学びの文脈づくり」は改善されている傾向が伺えると同時に、特別活動や総合的な学習の時間・総合的な探究の時間を核として行う各教科等間の学びの関連性を意識した教育課程編成や授業展開が実施されるものと推測され、中教審答申にお

いてカリキュラム・マネジメントの３つの側面として整理された、「教科横断的な視点による教育内容の組織的配列」、「各種データ等を活用した教育課程のPDCAサイクルの確立」、「人的・物的資源の効果的活用」を踏まえた質の高いカリキュラムのビルドアップが期待される。

なお、小・中・高等学校等には多様な教育的ニーズを有する児童生徒が在籍している。新学習指導要領を踏まえれば、特に障害のある児童生徒やその可能性のある児童生徒に対しては、学びの過程で生じる困難さに対して、明確な配慮や支援の意図をもちながら実際の手立てを講じることが必要になる。全ての教科等における学習・指導において、そのことを実現し、より一層、学習に対する意欲を喚起するとともに、当該教科等で学んでいることが、他の教科等とどのように関連しているのかや家庭生活、地域生活との繋がり、ひいては自分の人生そのものや自らの生き方とどのように関わっているのかを意識した上で学びを深めていけるカリキュラム・マネジメントに努めていくことが必要となる。とりわけ、キャリア教育のように学校教育全体を通して行うことが必要である取組については、社会に開かれた教育課程の理念を実現する意味においても、多様な他者・関係機関等と、目的・内容・方法等を共有することが必要となり、特に近年重視されている「地域と学校がパートナーとなり、地域全体で子供たちの成長を支え、地域を創生する活動」である地域学校協働活動の取組の充実と障害の有無に関わらず全ての児童生徒がその活動へ参画し、ライフステージに応じた自立と社会参加を追求することが重要なっている。現にキャリア教育に関して優良

な取組を推進する学校や組織では、地域や郷土の歴史、文化、伝統、産業、人材等に着目し、その特質や豊かな価値を教育の中に取り込み、体験活動や地域創生事業等として展開することにより、人づくり・街づくり・関係づくりを一体的に展開しているところが多い。

今後は、全ての学校種で、参画する全ての人達のキャリア発達を支援する取組と、教育課程そのものの進化・発展を標榜するカリキュラム・マネジメントの展開が求められる。

**引用・参考文献**

中央教育審議会「幼稚園・小学校、中学校、高等学校及び特別支援学校の学習指導要領等の改善及び必要な方策等について（答申）」平成28年12月21日

中央教育審議会「今後の学校におけるキャリア教育・職業教育の在り方について（答申）」平成23年1月31日

国立教育政策研究所「平成31年度(令和元年度)全国学力・学習状況調査報告書」令和元年7月

国立教育政策研究所「OECD生徒の学習到達度調査（PISA2015）のポイント」平成28年12月6日

国立教育政策研究所「OECD国際教員指導環境調査（TALIS）2018報告書－学び続ける教員と校長－のポイント」令和元年6月19日

国立特別支援教育総合研究所「知的障害教育における組織的・体系的な学習評価の推進を促す方策に関する研究－特別支援学校（知的障害）の実践事例を踏まえた検討を通じて－」平成27年3月

国立特別支援教育総合研究所「知的障害教育における『育成すべき資質・能力』を踏まえた教育課程編成の在り方－アクティブ・ラーニングを活用した各教科の目標・内容・方法・学習評価の一体化－」平成29年3月

文部科学省「小学校学習指導要領」平成29年3月告示

文部科学省ホームページ「中央教育審議会初等中等教育分科会教育課程部会特別支援教育部会（第6回）議事録」http://www.mext.go.jp/b_menu/shingi/chukyo/chukyo3/063/siryo/1367632.htm（令和元年9月11日確認）

# 第 IV 部

# 第6回大会より

　　第Ⅳ部は昨年度の第6回大会の取組であり、第1章はテーマ別ディスカッション「キャリア発達支援と新学習指導要領のキーワード」である。4つのテーマ「社会に開かれた教育課程」「育成を目指す資質・能力」「主体的・対話的で深い学び」「カリキュラム・マネジメント」に関する協議及び助言の内容を掲載している。第2章はシンポジウムである。「児童生徒のキャリア発達を促す実践」と「教職員のキャリア発達と組織マネジメント」に関する話題提供及びまとめの内容を掲載している。

# 第 IV 部

## 第6回大会より

### 第1章

テーマ別ディスカッション
「キャリア発達支援と
新学習指導要領のキーワード」

## テーマA　社会に開かれた教育課程

青森県立青森第二養護学校　教頭　湯田　秀樹

　班ごとの話し合いを進めるに当たり、助言者の松見先生から新学習指導要領の前文を参考とした説明があった。ここでは、社会に開かれた教育課程の実現に向けて、①社会や世界の状況を幅広く視野に入れ、よりよい学校教育を通じてよりよい学校を創るという理念を学校と社会とが共有していくこと、②これからの社会を創り出していく子供たちが、社会や世界に向き合い関わり合い、自らの人生を切り拓いていくためにどのような資質・能力を身につけられるようにするのかを教育課程において明確にしていくこと、③教育課程の実施に当たって、地域の人的・物的資源を活用したり、放課後や土曜日等を活用した社会教育との連携を図ったりし、学校教育を学校内に閉じずに、その目指すところを社会と共有・連携しながら実現させることが示されており、編成と実施に当たっては、これらを留意することが大切であることが確認された。

　このあと約6名ずつ3班に分かれて協議が行われ、概要が報告された。

　1班では、「協働育成システム」を導入した教育課程によりカフェ運営・生産・外部サービスの3部門7職業コースを関連させながら地域での活動を進めている高等支援学校、文部科学省委託事業で展開された内容を継続して今年度は中高等部による防災をテーマとした地域協働活動を行っている附属特別支援学校、学部間の移行を重要な視点として各学部の枠を

超えた学部接続の取組を充実させて系統性・連続性のある教育課程の編成を目指した実践を蓄積している特別支援学校、高等部卒業後に地域社会の中で生きる力を身につけることを目標にキャリア教育を進めている特別支援学校などの取組が紹介された。

　様々な活動が充実していく中で地域から求められるハードルが高くなっていくこと、学校側が地域に出向いていくことで迎え入れてもらえること、生徒の自己肯定感が明らかに高まっていること、教職員による関係各所の意向を調整したコーディネイトが大切であることなどが報告された。また活動を重ねるにつれ、児童生徒、教職員、地域住民それぞれの意識に質的な違いがあることに気付き、それらを観点とした見直しが行われているということも取り上げられていた。

　2班では、教育課程に関する保護者からの問合せや移転によって小中高校や施設等の交流先が変化することなどを踏まえて新たな取組を模索している特別支援学校、学部ごとにキャリア教育の視点で「自立につながる力」の校内研究を進めながら教育課程部や研究部の他進路指導部を含めて組織的に教育課程の見直しを進めている特別支援学校、知的障害教育部門高等部において取組が進む一方で肢体不自由部門での実践が停滞しているとの反省から地域学校協働本部の考え方を参考として校内組織を整備した特別支援学校、「自己と社会をつなぎ、共生社会を創造する教育の追求」を基本理念として普通科と3つの職業学科（生産技術、食品デザイン、福祉デザイン）を設置し2019年4月の開校を控える高等支援学校、「1年生：地域を知る、

2年生：地域に学ぶ、3年生：地域に貢献する」をテーマとして総合的な学習の時間を進めている中学校などの取組が紹介された。

さらに、地域協働を観点として、校内に専任のコーディネーターを配置したり、外部評価と教職評価との差異から改善点を明らかにしたりしているといった校内組織や学校評価の在り方のほか、地域住民をゲストティーチャーやボランティアとして招聘することや児童生徒の学習状況や障害の程度や状態に応じた取組の工夫などが報告された。校内外の関係者の子供理解が、学校教育活動の充実だけでなく地域づくり、共生社会の形成につながっていくことが強調されていた。

3班では、学部ごとに特色のある地域資源を活用した教育活動の更なる充実を目指して新学習指導要領の趣旨を踏まえた検討を行っている特別支援学校、開校までに行われた数多くの地域住民との協議によって形成された住民の理解がその後の教育活動の充実につながっている特別支援学校、生産技術科と流通・サービス科においてそれぞれ3つのコースを設置しデュアルシステム等により生徒の課題に合わせた就労経験を重ね働く意欲を高めている高等支援学校、学校内だけでなく地域や外部機関から受注した名刺作成や印刷業務などをとおして生徒自身が社会の役に立っていることを実感し達成感を得られるよう工夫している特別支援学校、「ともに考え、ともに歩む」をモットーに当事者の多様なニーズに寄り添いながら他の支援団体と連携した活動を行っている特別支援学校卒業生を母体とした支援団体などの取組が紹介された。

これまでの活動を振り返りつつ今後の展開を検討していく上では、地域へ積極的に発信していくという姿勢が大切になってくるのではないかとの意見をきっかけとして、取組の形骸化が指摘される学校がある一方で、学校を一般事業所と同列に捉えた業務発注などから地域の期待の高さが実感できることなど、各地域、各校の実情が共有された。また、余暇活動を含めた社会との接点の有り様や社会資源の活用についての卒業生の実情から、学校教育活動を評価することの重要性も指摘された。

各班からの報告後、松見先生から大きく以下の3点が助言された。

一つ目は、地域の人々が期待していることは何かという視点である。これらを踏まえて内容を検討することが大切である。地域のニーズ、その活動の価値を明らかにし、全国の先進事例を参考とすることでより具体的な計画を形作ることができる。

二つ目は、卒業生の声を地域社会の声と捉えるなど、外部評価を活動の改善に生かすことである。卒業生の声は学校にとって最も身近なものであり、その中における不満要素の解決は学校や本人、事業所や地域社会との関係性を捉え直すよい機会となる。

三つ目は、地域の願いや要望を学校側が理解しているか、地域は学校のねらいや取組内容を理解しているかを踏まえて内容を検討することである。このことが地域と学校が WIN-WIN の関係となり、活動の充実につながっていくことになる。

最後に松見先生から、本日の協議が各校、各地域の取組の更なる充実につながることを期待したいとの激励を受け散会した。

## テーマB　育成を目指す資質・能力

滋賀県総合教育センター　指導主事　川島　民子

本グループでは、小グループでの協議に向けて、木村宣孝先生より話題提供をいただいた。

**【木村先生より話題提供】**

「資質・能力」という用語（表現）に関して、「資質」には、（広辞苑によると）「人や物の生来の、あるいは後天的な気質、または特徴的な傾向」というニュアンスが含まれており、生まれながらにして障害を有する人たちにとって「育成を目指す」という文脈で触れられる言葉としてはいかがであろう。問い直す必要もあるのではないか。

また、本グループのキーワードである育成・能力に関して、DeSeCoのキーコンピテンシー第3カテゴリー：「自律的に行動する」では、「人生の意義を見失いがちな変化し続ける環境のなかで、自らの人生に一定のストーリーを作るとともに意味や目的を与える力」とされており、中教審で示された「資質・能力の三つの柱」の一つである「どのように社会・世界と関わり、よりよい人生を送るか」と密接に関連する。

ここで言う「能力観」についてであるが、日本では「能力」と表現されるこの用語に関して英語圏では「Ability　Capacity　Capability　Competency　Performance」等様々なニュアンスを有する言葉があり、中央教育審議会では「Competency」というニュアンスであることが論議された。キャリア教育の分野では、4領域8能力の能力観が示された時点から、ここで言う「能力」はCompetencyであり、Competencyとは「ある課題への対処能力」であり、「一緒に努力すればできるようになる」という「育成」の視点が含まれており、Competentの語源には「自信が持てる」という意味が含まれている（渡辺三枝子氏）ことが確認されてきた。ある課題を成し遂げていくという過程には、知的障害教育では、「できる状況づくり」を重視してきた歴史的経緯もあり、個に応じて「成し遂げられる環境づくり」に配慮し、「成し遂げることを通じて（自信が形成され）育成されていく能力」という捉え方も成り立つのではないか。

**【各グループより】**

各班では、話題提供の内容を参考にしながら協議を進め、各実践における児童生徒の姿をもとに、様々な観点から意見を出し合った。

以下は、各班からの協議報告のまとめである。

**1　子供たちの現在の姿や資質・能力をどう見るか。**

次の3つの視点より、多角的に見ていくことが大切である。

① できるできないだけでなく、できるに至る段階や過程にも目を向けるとともに、本来もっている力を発揮できているかを含めて、一人一人の可能性を見いだしていくこと。

② 力が付いたのか、育ったのか、見える部分と見えない部分がある。子供の内面など、見えない部分も見取ること。

③ 一人一人の資質・能力は様々であるとともに、資質・能力の三つの柱は相互に関連している。以上の視点に関する具体例を以下に示す。

○ 様々な取組において「できるかもしれない」領域、階層を見ていく必要がある。

○ 言葉や行動等見える部分だけではなく、見えない部分にこそ、資質・能力があると考える。

○ そもそも、資質とは何か、育成できるのか、良し悪しはあるのか、何のためにその能力が必要かを考える必要がある。

## 2 子供たちに必要な資質・能力をどのように育成するか。

次の２つを視点に、一人一人の育成を考えていくことが大切である。

① できないとあきらめずに、教師がものの見方を柔軟にし、創意工夫し、挑戦の機会をつくること。できなくても興味をもったり、苦手なことに挑戦するきっかけになったりすることがある。

② 繰り返しや積み重ねなどの学ぶ過程を吟味するとともに、学習評価の本質である分かったことやできたことを、子供に返していくこと。これにより、子供は自分を知り、理解していくことにつながる。

以上の視点に関する具体例を以下に示す。

○ 元々もっている資質・能力を発揮できるために「本当はどうなのか」「できるかもしれない」という教師の見方、判断の力が求められる。

○ 一回の姿だけで判断はできない。苦手なことをやめるのではなく、どのようにしたらできるか、やってみようと思えるかというしかけ、支える環境作りが、教師の役割である。

## 3 その他

その他、子供を主語に考えることや、生きる力との関係について意見が出された。育成を目指す資質・能力の三つの柱は、生きる力（確かな学力、豊かな心、健やかな体）を総合的に捉えて、構造化したものである。また、「幸せに生きることが大切」という言葉もあり、キャリア発達との関連を象徴した言葉と感じた。

以上の深い協議の報告を受けた後、清水事務局次長から、以下の助言があった。

## 【助言：清水　潤　氏（研究会事務局次長）】

中央教育審議会で議論が開始された当初、育成を目指す資質・能力は、育成すべき資質・能力であった。「すべき」から「目指す」に表現が変わったことは、学びの主体は子供であることの象徴でもあり、新学習指導要領を貫いている考え方であることを初めに理解しておきたい。

本日の協議を踏まえ、今後の取組の参考として３点述べる。

１点目は、育成を目指す資質・能力と他のグループのキーワードとの関係の理解である。新学習指導要領における４つのキーワードは、学習指導要領改訂の方向性の全体像の中に、全て位置付いている。それぞれが関連し、一体的な実現を目指していることから、他のグループの協議内容も参考にしていただきたい。

２点目は、学校教育目標から個々の目標など、育成を目指す資質・能力に関し、保護者を含めて、社会の方々に分かりやすく伝え、共有することである。本研究会等を通じて、専門的知見を得て、理解を深めつつ、分かりやすい伝え方や共有の仕方も検討していただきたい。

３点目は、協議報告にもあった、一人一人の姿や資質・能力、成長・発達を見取る力である。この力は、特殊教育の時代から私たちの専門性の一つであり、全校種の新学習指導要領総則に、一人一人の発達が位置付いたことからも、より一層重要な力と言える。

なお、詳しくはキャリア発達支援研究第５巻の論説１を参考にしていただきたい。

＊助言については、当日の時間の関係上、伝えられなかったことも加えてある。

## Cグループ　主体的・対話的で深い学び

### 北海道札幌養護学校　教諭　鈴木　雄也

### 1　背景となる理念の確認

各班でのディスカッションに入る前に、「主体的・対話的で深い学び」の背景となる基本的な理念について進行役から説明し、グループ全体で確認した。

具体的には「学び」について従来の「正答主義モデル」から「知識構築モデル」への転換が図られ、正解よりも「納得解」（なぜそうなるのか）を多様な他者と協働しながら追求する学習が重視されるということについて、共通理解をした。

### 2　協議の柱の設定

事前に参加者から集約した各自の取り組み状況や、協議したい点について整理した結果、各班でディスカッションを行うにあたり、次の2点について協議の柱として設定した。

### (1)「主体的・対話的で深い学び」の具体的な姿を職員間でどうやって共有するか。

参加者の各所属校では、児童生徒の実態を考慮しながら「主体的・対話的で深い学び」についてその具体的なイメージを教師間で検討・共有している最中であったり、あるいはなかなか具体的に進んでいかないことが課題となったりしている状況であった。

校内研究や教育課程の見直しなど、組織的な取り組みの中でどのように具体化し、実践の充実につなげていくかを協議することとした。

### (2) 言葉でのコミュニケーションが難しい子どもの「対話」をどう考えるか

知的発達の障害が重度で、言葉でのコミュニケーションが難しく、表出手段が限られた子どもについての「対話」をどう考えるかが、対象となる児童生徒が在籍している学校では検討課題になっていることが多かった。

具体的な指導場面をイメージしながら、参加者各々がどのように考えるのか、意見交換を行うこととした。

### 3　出された意見・アイディア

### (1)「主体的・対話的で深い学び」の具体的な姿を職員間でどうやって共有するか。

各学校では職員個々が様々な業務に取り組み、新しい取り組みを加える時間がない中でどのように「主体的・対話的で深い学び」の姿について共通理解を図るかについて、主に次の二つの観点から、各班で意見やアイディアが出された。

まず1点目として、授業計画・準備に関するものが挙げられた。具体的には、『授業者がイメージする学びの姿を、指導略案にどのよう明記するか、様式を検討し整えてから全校的に実践を重ねていくことや、単元計画においてイメージした姿を記入し、単元内の特にどの授業で「主体的・対話的で深い学び」を引き出して目標を達成するのかを考えていくことが効果的な共通理解の方法だ』という意見があった。『教材研究を協働して進める際にイメージを共有する機会としてはどうか』という意見もあった。

2点目としては、学習評価・授業反省に関する意見である。授業後に目標に対する評価を行う際に、「主体的・対話的で深い学び」が目標達成へのプロセスにあったと感じられたことについて、評価と共に具体的に記録しておき、職員間で目を通すことによって共通理解し、次の

授業や別の授業に活かせるようにすると良いのではないかというアイディアが出された。

## （2）言葉でのコミュニケーションが難しい子どもの「対話」をどう考えるか

言葉でのやり取りが難しい児童生徒やその集団では、子ども同士の言葉での対話を展開の中に取り入れたりすることは難しい。そのような児童生徒の「対話」について、各班からは次の二つの観点から意見が出された。

1点目は、音声言語以外のコミュニケーションに関することである。『子ども一人一人の行動を細かく観察し、人に対してだけでなく、教室や教材などの学習環境に対するアプローチも含めて意思表示を捉えていくことは、従前から行われてきているが、今後も重要になってくるだろう』という意見が多くあった。さらに、『それらのコミュニケーション行動を「対話」としてつなげていくためには、その学習の目的・ゴールを、できるだけ子どもとの間で明確にしておくことが必要だ』という意見も挙げられた。

2点目は、授業づくりにおける具体的な場面設定に関することである。例えば、友達から評価される場面を多く作り、互いに認め合う経験を積めるようにする、といったアイディアが出されたり、子どもからの要求をたくさん引き出し、応えていくことで、人と関わること自体を楽しめるようにしていくことが大切だといった意見が出されたりした。

この協議の柱について意見交換をしていく中で、発達障害の児童生徒などが、言葉のニュアンスを誤って捉えていたり、対話の中で本当の気持ちを適切に表現できなかったりすることについても話題になり、言葉でのコミュニケーションが難しい子ども同様に、行動全体を観察したり、振り返りの場面を充実させることによって、伝えたかった気持ちを確認していったりすることが大切だという意見が出された。

## 4　助言者より

国立特別支援教育総合研究所　神山　努氏からの助言は次の2点である。

①「主体的・対話的で深い学び」は学習の目標を達成し、資質・能力を育てるための「仕掛け」である。学校組織としてその「仕掛け」のパターンをいかにたくさんストックしておくかが大切で、共有する「システム」を構築し学校業務の中に取り入れていってほしい。

②「主体的・対話的で深い学び」は「育成を目指す資質・能力」や「各教科等の目標や内容」と共に充実した検討がなされたうえで指導が行われることが大切である。新学習指導要領のキーワードに挙げられることが多い「主体的・対話的で深い学び」であるが、上述のキーワード3点すべての充実を図ってほしい。

第Ⅳ部 ｜第1章｜ テーマ別ディスカッション「キャリア発達支援と新学習指導要領のキーワード」

## テーマD　カリキュラム・マネジメント

岡山県立岡山東支援学校　教諭　岸本　信忠

> キャリア発達を促す教育が教育課程全体で取り組むことができるように考えているが実践に至らない例など、各校の取組や課題をあげ、カリキュラム・マネジメントの側面から協議し、納得度が高い方策を探る。

**【全体進行：岸本信忠氏より】**

　資料1に示すカリキュラム・マネジメントの側面（「①教科等横断的な視点」「②PDCAサイクルの確立」「③人的・物的資源等の活用、効果的な組み合わせ」）の中から、関心が高い協議題を選定して話し合いを進めた。

> ①　各教科等の教育内容を相互の関係で捉え、学校教育目標を踏まえた教科等横断的な視点で、その目標の達成に必要な教育の内容を組織的に配列していくこと。
> ②　教育内容の質の向上に向けて、子供たちの姿や地域の現状等に関する調査や各種データ等に基づき、教育課程を編成し、実施し、評価して改善を図る一連のＰＤＣＡサイクルを確立すること。
> ③　教育内容と、教育活動に必要な人的・物的資源等を、地域等の外部の資源も含めて活用しながら効果的に組み合わせること。
> ＊個別の指導計画の実施状況の評価と改善を、教育課程の評価と改善につなげていくよう工夫すること。

**資料1　「カリキュラム・マネジメントの側面」**
　　　文部科学省、2017

　5つに分かれたグループの協議のうち、いくつかを紹介していく。

　2グループでは、「②ＰＤＣＡサイクルの確立」という側面から、教育課程編成における縦（小から高へ）と横（教科間）のつながりをどうシステム化するかについて、さらに、全教職員が関与できるカリキュラム・マネジメントの仕組みづくりについて協議を行った。具体的な方策として、年間指導計画と単元計画が一体化している様式に、単元ごとの「つぶやき欄」を設け、単元が終了するごとに気づきを書き入れる欄を作っているという事例が好評であった。それは、誰でもが日常的に気軽にできるスタイルが良いという、納得度が高いものであった。また、学校に対する外部からの声によって、教職員の意識が変わることがあるため、外部人材をうまく活用することが重要ではないかといった意見も挙がった。校種や立場は様々であったが、各校の現状報告が興味深く、参考になったようである。話し合いの過程では、各校の課題から、他の学校ではどうしているかなどの質問がなされ、議論が深まった。

　3グループでは、各学校の取組や課題について情報を交換し合う中で、協議題が「毎年伝統的に続けられている題材ありきの各教科等を合わせた授業の在り方を、どのようにしたら、本来の子どもたちの願いを基にした、子どもたち中心の授業や教育課程に変えていくことができるか」に、自然な流れの中で決まり、結果的に「①教科等横断的な視点」から話し合いが進んだ。特に納得度が高い方策として、学習指導要領を活用して学校組織全体で学習指導要領の視点で点検し見直していくことや、子どもの学びを単元間やそれぞれの授業につないでいくことに関心がある教師同士がつながっていく仲間づくりを組織的に行っていくことが挙がった。

　子どもたちのキャリア発達を促す授業を教育

課程全体に反映させていきたいという先生の熱意に寄り添う中、もし自分の学校や地域であれば何ができるかを親身になり闊達に意見を出し合う姿が印象的であった。

5グループでは、「①教科等横断的な視点」というキーワードで協議を行い、互いに情報を共有した。話し合いの中で挙がった具体的な取組として、単元配列表等を作成して教科間の単元をつなげていくことや、基礎的・汎用的能力の表を活用してキャリア発達を促すこと、また、一つの教科だけでなく、教科を越えて地域社会のリソースを活用すること等が、納得度の高い意見であった。話し合いの過程では、例えば、JICAによる国際理解の授業（題材はブラジル）との関連で、家庭でブラジル料理、社会で日本との位置関係、実際の交流でサンバ体験、国語でお礼の手紙を絡める等、教科等横断的な視点で行っている各学校の取組を紹介し合う中で、多様な視点で取組を意味付け・価値付け合う場面が少なくなかった。

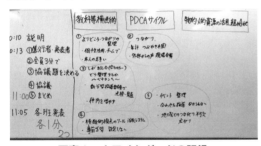

**写真1　ホワイトボードの記録**

以上、写真1が示すように、主に「①教科等横断的な視点」や「②PDCAサイクルの確立」の側面から協議が行われ、それぞれ立場が違う先生方が、互いに納得度が高い改善策を探っていく中で議論が深まった。

助言者の菊地一文先生からは、次のように助言があった。本グループの協議について、当初先生方に笑顔がなく、一方で隣の「主体的・対話的で深い学び」をテーマに子どもを中心に語り合う先生方が笑顔になっている姿が観察され、違いが見受けられた。次第に、「カリキュラム・マネジメント」をテーマに話し合っている先生方の、主語が子どもや先生方自身、他の先生方等、「仕組み」から「人」に変わっていくことと同様の姿が観察された。とても興味深かった。「仕組み（システム）」と「人」とは、いずれも大切な側面であるが、「システム」を動かすのは「人」である。主語が「私」となり、「私」から「私たち」になっていくことが重要なポイントになると考える。

さらに、菊地先生からは、書籍『知的障害教育におけるカリキュラム・マネジメント』（丹野哲也・武富博文編著、2018)で提案(p98-101)された「キャリア教育の推進に向けたカリキュラム・マネジメントの方策」についてお話があった。キャリア発達を支援する教育とカリキュラム・マネジメントは密接な関連にあることを確認した上で、各校の実践事例を紹介しながら、「核となる教育活動を踏まえて構想するカリキュラム・マネジメント」や「個の育ちを踏まえて構想するカリキュラム・マネジメント」の提案について述べた。以下、「個の育ちを踏まえて構想するカリキュラム・マネジメント」についてのお話の抜粋である。カリキュラム・マネジメントは、「教育課程を軸に学校教育の改善・充実の好循環を生み出す」ものであるため、その主体は教師ということになるであろう。しかしながら、実際の教育活動を通して「学び」、「育つ」主体は児童生徒本人であるため、カリキュラム・マネジメントにおいても児童生徒のキャリア発達を促すことを踏まえる必要がある。

# 第IV部

## 第6回大会より

# 第2章

## シンポジウム

第**IV**部

第6回大会より

## 第 **2** 章

## -1-

児童生徒の
キャリア発達を促す実践

第Ⅳ部 │第2章│ シンポジウム

# コラボ教室の取組

横浜市立仏向小学校　教諭　岡田　克己

**概要**　コラボ教室は、現在の発達障害教育が抱える「本人不在の支援」「過剰な適応指導」の2つの課題に迫るべく、各児童に対し、「通級による指導」「学級担任とコラボする巡回支援」「専門家とのコラボ授業」「本人中心のコラボ会議」の4つの指導方法を併用し、指導を展開している。「学級担任とコラボする巡回支援」は、通級担当者が通級児童の在籍学級にて、学級担任と協働したチームティーチング支援を行っている。また、子ども一人一人の強みの探求となる「専門家とのコラボ授業」を、外部専門家講師を招き協力しながら実施している。年2回の「本人中心のコラボ会議」では、本人の願いを実現できるよう、本人の言葉を関係者みんなで聴き、応援している。本人参加型会議後に、本人が学びの主体となる「自分のための学びプラン」を立て、生活の中で、PDCAサイクルに沿って取り組んでいる。

## 発達障害教育の課題

現在の発達障害教育の課題として、次の2つが挙げられる。

まず1つ目として、「本人不在の連携・支援」である。学齢期における発達障害のある子どもの支援において、困っているのは保護者や教師など周りの大人たちになりがちである点である。つまり、本人自身が必要と感じていないまま大人から指導されている状態になっていることがある。

2つ目として挙げられる発達障害教育の課題は、「過剰な適応指導」である。発達や適応上の困難をもつ子どもの多くは、得意不得意といった凸凹（でこぼこ）があるが、これまでの特別支援教育では、困難な箇所や障害の箇所ばかりに焦点があてられてきた。特に、集団性が高い学校生活においては、周りに合わせることや、集団学習から外れないこと、集団行動から遅れないことを目的として、特別支援教育の成果が求められがちである。しかし、学習意欲や自尊心、主体的な自己を育むには、子どもの肯定的側面や適性、強みを大事にする教育が重要である。特に、小学校段階における発達障害教育は、周りから見た行動面の改善に焦点があてられ、本人の内面や思いの把握が十分ではないケースも多い。

## コラボ教室の取組

横浜市では、平成29年度から、研究を目的とした新たな指導拠点として、横浜市立仏向小学校に通級型指導教室「コラボ教室」を開設した。

対象となる児童は全て、知的発達水準が「平均の上」から「平均より非常に高い」の範囲にある。強み（才能）の情報は、入級前相談の聞き取り結果から把握しているが、WISC-Ⅳの指標・下位検査の個人内差が大きく、このことが生きづらさや学校生活適応困難の一因となっている。行動特性に強みと適応困難を併せもつ児童であることから、教育委員会はコラボ教室の対象として選定している。

## 三本柱指導と四つの指導法

コラボ教室では、自立活動の指導内容を参考に、個のニーズに応じながら、専門分野、社会性、自己理解の三本柱を中心に構成し指導を行う。また、専門家とのコラボ授業（年15回程）、通級による指導（週1回2時間）、学級担任とコラボする巡回支援（2週に1回2時間）、本

人中心のコラボ会議（年2回）の4つの指導を併用して指導を展開する。

### （1）専門家とのコラボ授業

子どもの興味関心や能力の高い分野の指導を行い、必要に応じて各分野(情報、数学、社会、心理等)の専門家の協力を得て指導を行う。児童の強みの探求や能力の伸長を図り、それを活用する指導を行う。

### （2）通級による指導

共通の興味関心や得意分野による小集団を構成し指導を行う。主体的に学習に取り組める内容を取り入れ、相互に助言や評価をしあったり、協働して活動に取り組んだりする機会を意図的に設定することで、かかわりの中で自己理解、他者理解を踏まえたコミュニケーション力を高める指導を行う。

### （3）学級担任とコラボする巡回支援

通級指導担当者が児童の在籍校へ出向き、学級担任と連携してチームティーチングによる支援を行う。児童が通級による指導や専門家とのコラボ授業で培った社会性や学ぶ力を十分に発揮できるよう、日常生活場面における支援を行う。

### （4）本人中心のコラボ会議

夏季休業中と年度末に、本人を中心とした5者面談を実施する。参加者は本人、保護者、学級担任、コーディネーター、通級担当者の5名で、場所は在籍学級で行い、時間は30分程度である。会議の目的は、本人の思い・願いの把握のため、本人の言葉を関係者皆で聴くことと、本人が十分に力を発揮できるよう、様々な立場から応援し助言することである。

コラボ会議では、本人が主体となって「自分のための学びプラン」の目標を立て、日常生活の中でPDCAサイクルに取り組むための話し合いを行う。会議は4ステップで行った。①本人のよさ、②困っていること、③目標の設定、④目標に向けた支援、である。会議参加のルールとして「全員が発言する」「記録を板書し視覚化、共有する」「他者の意見を否定しないで受け止める」の3つを事前提示し、約束をしてから会議を始める。

### 支援を極めよう

学習指導要領の自立活動の目標に示されているように、人間本来の「主体的に学ぶ姿勢」を取り戻すため、まずは発達障害のある子どもの主体性の源となる強み（得意や興味関心）を重視するところから始めることが、支援の鍵となる。

本人の様子をよく見て、本人の話をよく聞き、一緒に考えることで、子どもの生きがいや学ぶ意欲を高めることこそ支援の真髄であり、教育の醍醐味である。

第Ⅳ部 ｜第2章｜ シンポジウム

# 道徳科の授業におけるＡＳＤの生徒の『内面の育ち』

千葉県立香取特別支援学校　教諭　浅沼　由加里

## 1　シンポジウム発表概要

　道徳科が教科化され、新学習指導要領が小学校及び小学部で全面実施される中、特別支援教育の道徳科をどのように進めていくかが現場としての課題となっている。本校中学部では、知的障害を伴うＡＳＤの生徒の課題として、友達とのやりとりの問題、さらには自己肯定感の低さ等が挙げられる。特に発語はあるものの自分の気持ちを伝えたり、相手の気持ちを理解したり、やりとりをしたりすることが難しいＡＳＤの生徒の道徳科の授業は、相手の気持ちを考え、具体的な表現方法を学ぶことができる体験活動や役割演技を取り入れた内容が有効であると考えた。そこで、道徳科の内容項目Ｂ「主として人との関わりに関すること」に重点を置いた道徳科の授業を行い、役割演技や体験活動を取り入れた学習を進めることで、自己肯定感の高まりや友達との円滑なやりとりに繋げていきたいと考え、取り組んだ。

## 2　中学部における授業実践

### （1）グループ編成

　中学部1〜3年生を実態に応じた4つの　グループに分け授業を実施した。

### （2）授業作り

　「自分の頑張りを認める」「友達との関わり方を知る」「友達と認め合う」ことに視点を置き、授業内容を構成した。生徒に分かりやすいよう、運動会、スポーツ大会等の行事と関連した内容

にし、般化に繋がるようにした。

### ◆役割演技、教師のモデリング

　役割演技前には教師がモデリングを行い、しぐさ、表情、対話等を具体的に示し、活動内容を分かりやすく伝えた。

### ◆視覚化、映像教材

　教材は、生徒が活動している場面を撮影したものを使用し、内容理解や意欲へと繋げた。役割演技の様子を撮影し、授業内での振り返りや評価の場面で活用した。

### ◆評価について

#### ＜生徒の評価＞使ってみたい言葉の提示

　振り返りシートは自己評価できるようイラストを入れ選択式にした。また振り返りシートの最後に、学習した言葉やこれから学習する言葉等を含めた好ましい言葉を入れ、その中で使ってみたい言葉に○を付けるという設問を設けた。

#### ＜教師の評価＞

　教師は評価を明確にして授業を行えるように指導案に個々の生徒の目標と手立てを入れた。授業後は教師用道徳振り返りシートを活用し、各グループで話し合った後に学部全体でシェアリングを行い、次の授業や日常での般化につなげた。事例対象生徒の評価を授業後のビデオ映像や教師の授業後の振り返りシートにより、エピソード評価としてまとめた。

## 3　事例対象生徒の変容

　授業では、役割演技や日々の様子を具体的に

キャリア発達支援研究　Vol.6

取り上げて認めたり、褒めたりすることで回数を重ねるごとに挙手や発言が増え、意欲的に学ぶ姿が見られるようになった。日常場面では「○○がんばりました。」と自分から頑張ったことを伝えるようになった。人とのやりとりを学び、自分のことを相手に伝えるよさを知り、日常生活の中でも相手の顔を見て話すといった関わりができるようになった。また、友達のことを認め、言葉を掛ける等、友達を意識した行動ややりとりを楽しむ姿が見られるようになった。

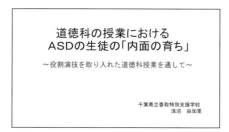

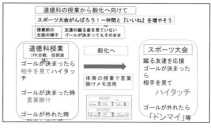

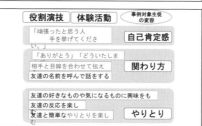

第IV部　│第2章│　シンポジウム

# 学校全体で、困ったときに相談する力を育てる

横浜市立若葉台特別支援学校　教諭　岡本　洋

## 1　はじめに

　横浜わかば学園は、横浜市立では初の肢体不自由教育部門（以降A部門）と知的障害教育部門高等部（以降B部門）併置の特別支援学校として2013年に開設され、今年で開校7年目を迎えた学校である。開校当初より、キャリア概念に基づいた学校コンセプトや教育課程の編成を行い、総合的な学習の時間をキャリアカウンセリング（CC）・キャリアガイダンス（CG）と名付け学習活動の核として授業を展開してきた。その中で、キャリアデザイン相談会を実施し、卒業後から始まる社会生活の中で困ったときに相談できる力をはぐくむ試みをしてきた。

## 2　CC・CGを中心とした授業取組

　本校では、3年間の歩みを生徒自身がデザインしてくことが、最も重要な取組の一つとなっている。キャリアデザインシートを活用し、学校内での授業への取組と、現場実習と呼んでいる企業への体験実習を関連付け、生徒自身がPDCAサイクルを回して自分の目標を作っていく。その際にキャリアデザイン相談会を実施し、他者のアドバイスを聞きながら自分で決めることを大事にしている。また、自分自身が相談する側とされる側のどちらにもなることで「発見」と「共感」が生まれてくることも重要な気づきの一つとしてとらえている。

　ここまで、本校の取組の大まかな流れを紹介したが、詳細についてはキャリア発達支援研究2・3をご参照いただきたい。

## 3　二つの事例を通して分かること

　今回は卒業生の二つの事例を通してここまでの実践について検証した。Sさんはキャリアデザイン相談会を通して自分の課題が見つかった事例であり、Fさんはキャリアデザイン相談会では課題を見つけることができなかったが、現場実習を通して課題がわかった事例である。

　どちらの事例にも共通していることは様々な場面で、アドバイスを受けながら、自分の課題に気が付き自分自身が納得したからこそ答えを得ることができたということである。このことから他者からのアドバイスは必要ではあるが、自分で選び取ったものしか、自分自身を成長させる糧にはなりえないということがうかがえる。まさに、主体的・対話的で深い学びになっているといえる。

## 4　まとめ

　これまでの本校の実践の中で「ふり返り」と「相談力」を重要視してきた結果、生徒自身の主体性が伸びてきたと感じている。そのためにも教員は、生徒との対話を重視しながら、日常の授業や学校生活で自己肯定感と自己有用感を育てていくことが、必要と考える。

1 児童生徒のキャリア発達を促す実戦

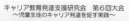

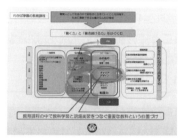

第Ⅳ部　│第2章│　シンポジウム

# シンポジウム
# 「児童生徒のキャリア発達を促す実践」 まとめ

横浜市立盲特別支援学校　副校長　瀧田　美紀子

シンポジウム B は、「児童生徒のキャリア発達を促す実践」をテーマとして、小・中・高の各発達段階における「思い」や内面の育ちを大切にした実践と、その成果を中心に進められ、先進的な実践と、菊地氏から示された明確な観点により、多くの気付きを得ることができた。

【指定討論】

> ①　把握することが難しいとされる児童生徒の「思い」や「内面の育ち」をどのように捉えようとしたのか。
> （「見取り」の具体的方法）

◆通級指導では行動の変容を求められることが多いが、自分は子どもの内面の育ちを大切にしてきた。捉えにくい子どもの内面の育ちを見取るために、子どもをよく見て、よく聞いて、より理解することや、子どもにも連携する関係者にも難しい言葉でなくわかりやすく伝わる言葉を使うことなどを心がけているが、それも通級担当者の専門性だと思う。

◆VTR を撮って教師が振り返る際に、表情に加えて視線や手の動きなどの変化も見逃さないようにしている。教師側の振り返りシートなどを使って教師全員で日ごろの様子を蓄積している。また、子どもたちが書きやすい振り返りシートを活用することで、子どもたちが使える言葉が増えてきた。

◆教師は教えたがりであるため、敢えて教師には「教えなくていい」と伝えている。その結果、生徒自身が自分の課題に気づくようになってきた。教師が教えなくても、生徒自身が気づいた課題が、教師の感じている課題に近づいていく実感がある。

> ②　児童生徒の「思い」や「内面の育ち」に着目することで教師側、とりわけ教師集団として何が変わったのか。
> （教員のキャリア発達）

◆教師が振り返りを重ねることによって、教師側の子どもの見方が変わった。気付きが生まれ、意味づけができるようになり、次の授業づくりにつながるようになった。一方では、内面の育ちとは何か、見取った子どもの様子を内面の育ちとして捉えていいのか、という点は課題として残っている。

◆教師同士で子どもへの関わりや捉えについてアドバイスし合えるようになった。

【菊地一文氏より】

① 「見取り」の具体的方法について

　内面の育ち（「思い」の変化）を捉える際には、次のようなことが大切である。

○複数の目でキャリア発達の基本要素である「環境との相互作用」「時間的流れ」「空間的広がり」「個別性」を踏まえて肯定的に理解し、把握に努めること。

○「正解」ではなく「最適な解」を目指す。

○フィードバックにより本人が「よさ」に気づけるようにする。

　教師が子どもの立場に立つことや教師が謙虚になることで、子どもを見取るセンサーが鋭敏になる。

② 教員のキャリア発達ついて

　教師の中にも「教える」から「学ぶ」への転換が起きることなど、キャリア発達には相互性がある。

# 第Ⅳ部
## 第6回大会より

# 第 2 章

## -2-

教職員のキャリア発達と
組織マネジメント

第Ⅳ部 ｜第2章｜ シンポジウム

# ゴールを設定して教員個々のキャリア発達を促す！
# 基軸は授業者支援会議

東京都立光明学園　主任教諭　逵　直美

　光明学園は、肢体不自由学校と病弱校の併置校として開校し3年目を迎える。研究主任として新たな研究システムの体制を整え、若手教員及びそれを支える中間層の教員の育成を目指し取り組んでいるところである。その体制は、教育目標を実現するために掲げられている経営方針に基づくものである。その一環として授業者支援会議システムの導入があり、全員参画する体制を推進している背景には、やらされ感で行うのではなく各自がこの体制の意味と価値をわかって取り組む＝トップダウンとボトムアップの融合にある。今まで取り組んできた研究体制を一新し、授業者支援会議システムを学校に浸透させる取り組みを通して、教員のキャリア発達について考えたい。

## 1　学校の教育目標を達成する

　当学園は、4つの教育目標と校訓「可能性の追求」を掲げている。さらにその教育目標を具現化するための具体的指針が経営方針で明らかにされている。全ての教育活動は、学校の教育目標や校訓を念頭に、キャリア発達の視点を活かしながら、児童生徒の自立と社会参加の実現につなげていく必要がある。

## 2　授業者支援会議を基軸にキャリア発達

### （1）　目標を具現化するためにゴールを設定

　当学園は、毎年、全国公開研究会を2月に行い、日々の教育実践を形にするセミナーや分科会を行っている。なぜ何のために何を公開研究会で発表するのか、ゴールを設定し向かうべき方向性を共有し、日々の実践の意味づけ・価値づけを行うことが大切である。

### （2）　授業者支援会議で量から質への転換

　誰が何のために行うのか目的を明確に進め、授業者が悩んでいることへの解決策を全員参画で支援し時間内に目的達成する。

　　① 従来の授業研究との違いを明確にする。

　　② 進め方とポイントを共通理解する。

　　③ 授業者支援会議で育成する力を共有する。

### （3）　全体像を理解する

　ゴールに向けての見通しをもち取り組めるよ

うに教員が全体像を理解しておく必要がある。全国公開研で企画するセミナーや分科会の意味づけ・価値づけをするための研修会を企画運営している。教育目標→経営方針→全国公開研究会→研修会→日々の実践が一連の流れであることを共有することでトップダウンとボトムアップの融合を生み出し、教員の理解を促すことができる。

### （4）　成果を形にする

　授業者支援会議の支援者に全教員が参画して行うので、この改善策は学校全体で検証された貴重な共有財産になる。得られたノウハウを蓄積し、事例を紹介する「授業改善ハンドブック」と支援プランをカテゴリーに分類した「明日の授業で活かす5つのアイディア」を作成し学校の財産としている。

## 3　子供たちの可能性を追求するために

　新しい取組には抵抗感があるのは否めない。しかし、目指す先は何なのか意味づけ・価値づけをしながら実践する中で少しずつ教員の意識が変化し、「短時間で効率が良い」「負担感が少ない」等多忙な中で好意的な意見が得られるようになった。今後も課題を改善しながら授業者支援会議で教員のキャリア発達を促し、児童生徒の可能性をさらに追求していきたい。

## 2 教職員のキャリア発達と組織マネジメント

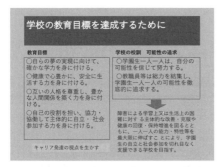
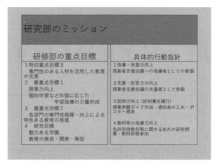
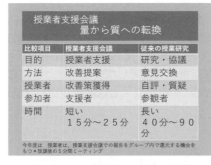
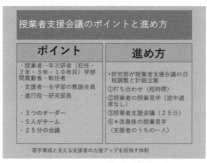
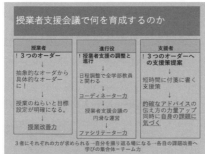
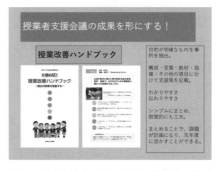

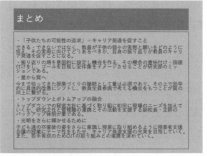

# 教員のキャリア発達を促すチーム三原の取組

広島県立三原特別支援学校　教頭　広兼　千代子

　広島県三原特別支援学校の教員の年齢構成は20代～30代が半数を占め、7割の教員が教員経験年数10年以下である。そのような組織構成であることを踏まえ、活気にあふれ、教員が主体的に学び発展する組織をどのように構築していけば良いか、その方策として、平成30年度は「協働」をテーマとして教員からの発案・企画を基に様々な取組を展開した。「授業づくりプロジェクトチーム」では若手にミッションを与え任せることで自ら考え判断し組織を動かす力の育成をねらい、「たこみ講座」（公開研修会）では教員一人一人の強みを引き出し、「チームの強みを生かした授業研究」では多様な教員によるチーム力を、「カフェ『いこい』」ではモデルとなる取組を展開し生徒の主体的な学びから得られる波及効果をねらった。教員の誰もが存在意義を発揮し成長し続ける組織であるために、対話を繰り返しながら教員のチーム力の育成及び強化、それを支える管理職のファシリテーションが重要であると考えている。

## 1　本校の組織的な現状と課題

　本校は広島県中央部に位置する小学部から高等部まで126名の児童生徒が在籍している知的障害を対象とした特別支援学校である。教員の年齢構成は20代～30代が半数を占め、7割の教員が教員経験年数10年以下である。このような教員構成から、「若手の育成」を重点課題とし、担任や分掌主任にも若手を積極的に起用している。活気にあふれ、教員が主体的に学び発展する組織を目指して、平成30年度は教員のキャリア発達を促すための4つの方策を挙げた。

## 2　教員のキャリア発達を促す4つの方策

### （1）　思い切って任せる

　本校では、授業づくりを活性化させるため、平成28～29年度に「授業づくりプロジェクトチーム」を立ち上げた。1年目から4年目までの若手教員の中から、小・中・高等部1名ずつ3名のリーダーを選び、校務分掌、学部・学年から横断的に構成メンバーを組織した。若手リーダー3名の相談役として、若手教務主任を担当として置き、リーダーにはチームをリードしながら、協力してミッションを成し遂げる体験を、若手教務主任にはリーダーの進捗管理や助言などを通してマネジメント力をつけることをねらった。

### （2）　教員一人一人の得意を強みにする

　本校では毎年センター的機能の一環で夏季公開研修会を行っていたが、平成29年度から「た

チームによる授業研究

こみ講座」として新企画を打ち立て実施した。本校の教員がそれぞれ自分の得意な分野で講師となり、18の講座を開設し、参加者は受講したい講座を選択できるようにしている。若手からベテランまで、自分の得意なことを強みにして講師となることで、自分の存在意義を知り自信を持つこと、一人一人がセンター的機能を果たしていることを自覚することをねらっている。

## （3）チームで問題解決する

今年度本校の研究計画では、5～6人の教員チームで授業研究を行っている。チームによる授業研究とすることで、教員全員が役割を持ち、一人一人が主体的に授業研究にかかわる体制となるよう意図している。

## （4）モデルをつくる

校長から平成30年度は「協働」がテーマであると打ち出されたことを受け、30

「たこみ講座」で学び合う教員

～40分間2回の「協働について」研修会を実施した。小グループで協働をテーマに何ができるかアイディアを出し合い、方策を考え、ポスターを作成し発表した。年齢別グループとすることで、普段意見が言いにくい教員も同じ年代同士で活発に意見交換がされ、ユニークなポスターが仕上がった。タイトな時間設定で最大の成果を挙げる設定となり、グループリーダーの責任と役割、教員同士の協力などチームの力を実感できる体験となった。「協働」研修会で教員から出た様々なアイディアを概要図にまとめ、学校としての方向性を定めた。また、今年度から校外カフェの開催というモデル的取組を企画し、作業学習の向上や若手自身の成長に帰することをねらった。カフェの開催を通して生徒の思考力を育て、主体的な行動を引き出すことを目指し、

「協働」プロジェクト概要図

生徒自身が試行錯誤しカフェを実施するまでの過程を重視した授業づくりを担当若手教員2人のミッションにした。

カフェを通した生徒のキャリア発達が、担当の若手2人の教員のキャリア発達と連動すると考えた。市長訪問やマスコミの取材、研究大会での発表なども織り込みながら開店までの過程を進めていく中で、生き生きと生徒と活動する若手2人の姿が見られた。「災害復興カフェ」と題して、水没の被災を受けた商業施設で開催したことでカフェに対する意味付けや価値付けが明確になり、生徒と教員の意欲の向上が図られた。

## 3　三原特支カリキュラム・マネジメント

平成30年度「3Mプロジェクト会議」（カリキュラム・マネジメント会議）を発足させた。これは、概要図にある「3大プロジェクト」（清掃・おもてなし・芸術）についてカリキュラム・マップを作成し、教育課程に落とし込んでいくチーム会議である。3つの教員チームを編制し、それぞれに若手リーダーを配置し、主体的な動きを促しながら進めている。

## 4　おわりに

新しい取組を組織的に進めるためには全体での合意形成、進捗状況管理、その取組を行う意味や価値について大小の集団で繰り返し確認することが必要となる。進める過程で様々な問題が起きるが、大切なことは、「対話」を繰り返すこと、生徒の成長の過程や成長した姿を共有することなのではないかと考える。

生徒のキャリア発達と教員のキャリア発達は相互作用の関係があり、連動するものである。教員が生徒の成長や変容に気付くことができるようになる過程が教員のキャリア発達の過程と重なると考えている。

# キャリア教育研究校における教員のキャリア発達

千葉県立夷隅特別支援学校　校長　年光　克水

　ドナルドEスーパーのライフキャリアの概念図を見ると、人間は生涯キャリア発達している。児童生徒にキャリア発達を促している教員も現在、キャリア発達していると考えられる。教員のキャリア発達に視点を向けて学校経営をしている事例をあげる。

　千葉県立夷隅特別支援学校は、のどかな田園地帯にある小中高等部のある小規模校である。児童生徒数67名教職員数44名である。平成29年度から3年間のキャリア教育文部科学省研究協力校、千葉県研究指定校である。研究校は、研究する時間が多く必要で、その時間は、教員にとってのキャリア発達になっていると思われる。キャリア教育で育成する児童生徒の能力は、「できる、できない」の視点ではなく、「どのような変化があったか」である。教員個々の察知できる能力・対応力を磨くことが、教員のキャリア発達に繋がると考えている。

## 1　キャリア教育と学校経営のイメージ

　キャリア教育を実践すれば児童生徒はキャリア発達する。研究推進から児童生徒のキャリア発達は以前より大きくなる。研究の深まりで児童生徒のキャリア発達は、とても大きくなると同時に教員もキャリア発達すると考えた。

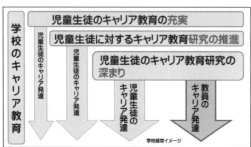

## 2　学校目標への位置付け

　キャリア教育を学校組織として推進するために学校教育目標に「キャリアの視点に立った学校生活づくりと支援の在り方」を入れた。

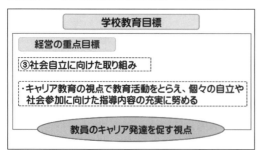

## 3　キャリア教育のとらえ方

　H23中教審答申を踏まえ、「小学部段階からの連続したキャリア教育」という考え方で児童生徒に支援している。

　教員が、キャリアの視点で、児童生徒を見て、支援すれば、児童生徒はキャリア発達するという考え方である。

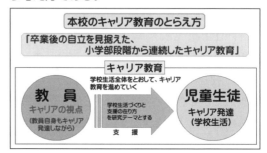

## 4　専門性の向上

　本校では、授業や活動の見直し、改善・充実を図っている。

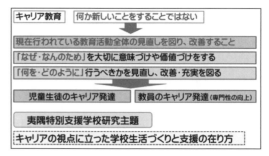

## 5　研究内容と実践

　校務分掌会議は、組織の一員の自覚、自分の考えを伝え、他の教員と協力・協働することを目的とし、月1回位置付けて学部を超えたメンバーで話し合いをした。

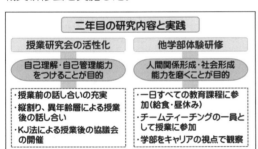

　授業研究会の活性化は、自己理解・自己管理能力をつけることを目的とし、他学部との縦割り、異年齢層で行いKJ法によりまとめた。

　他学部体験研修は、人間関係形成・社会形成能力を磨くことを目的とし、一日中すべての活動に入った。

　教員のキャリアプランニング能力向上のため職員研修会を実施した。

## 6　研究結果

　校務分掌会議からは、大阪府北部地震の災害義援金を集め、大阪に届けたいという生徒の思いを実現するために、教員が率先して取り組む姿が見られた。学校経営への影響を感じた教員が多くいた。

　授業研究会が、肯定的な自己理解に繋がり、

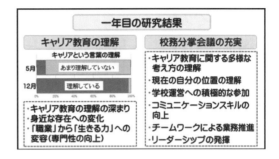

参加が、楽しくなったという意見からストレスマネジメントにも有効な一つの方法であった。

　他学部体験研修で得た自分の学部の位置が、学校全体のマネジメント体制強化になった。

　職員研修会からキャリアプランニングが教員として生涯必要であることの実感が持てた。

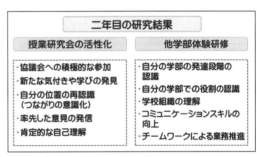

## 7　まとめ

　学校におけるキャリア教育は、児童生徒のキャリア発達に主眼を置いていたが、学校教育目標に「教員のキャリア発達を促す視点」を盛り込み、児童生徒と一緒に教員もキャリア発達することを研究した。いくつかの手立てにより教員のキャリア発達について成果が見られた。

　教員自身が、主体的に判断して、キャリア発達することが、児童生徒のキャリ発達の気付きに繋がることが分かった。

　先輩教員の姿から漠然と将来を考えていた教員にとって主体的なキャリアプランニングは今後の教員人生に大切なことであると感じている。

## シンポジウム
# 「教職員のキャリア発達と組織マネジメント」まとめ

京都ノートルダム女子大学　現代人間学部こども教育学科　准教授　太田　容次

　本シンポジウムは、教員のキャリア発達という視点から、多くの学校現場において課題の1つとして捉えられている「組織マネジメント」を捉え直し、その在り方について検討した。

　三者からの話題提供を受けて指定討論者からは、3点について提起され、フロアーも共に意見交換が行われた。

① **教員間の課題意識と目標の「共有」をどの様に進めるか。**

　教員の課題意識は違っても、全員参画の学校経営でつながれる場面があることや困っていること、悩んでいることと学校経営計画が一致する必要があることなどが述べられた。十分間研修の取り組みなど、課題意識や目標共有のための具体的なアイデアが共有された。

② **「考え続ける組織」をつくるための仕組みやしかけをどの様に工夫するか。**

　教員が主体的に考えることが重要で、管理職が学校経営方針は持ちながらも、教員のアイデアを元に進めていけること、教員が保身をしなくてもいい組織作りをしていること、意見を出しやすい環境・機会を作っていることがポイントで、ボトムアップに感じられるような仕組みを整備する必要があるとの意見があった。そのためには、管理職の仕事として、教員が新しいことを始めることにリスクがない環境を作ることが重要である。最近の学校を取り巻く環境は、リスクマネジメントばかりが強調されている傾向があり、子供のためになることと誰がどこまでの範囲で責任を取るのかを明確にすることが必要だろうとのことだった。そのために、小さ

い会議で意見を出しやすくしたり、教員がどうすればいいのかを主体的に考えられたりすることが、考え続けられる組織作りにつながるだろうとのことだった。

③ **仕事の「優先順位」をどのように決めていくか。また、そのために何が必要か。**

　学校として、どの方向につながる仕事なのか、これまで行ってきた実践知はまとめてマニュアル化することも必要だろうし、その上で何が一番大事かを考える必要がある。業務改善に際しては、優先順位を考えないといけない。学校として優先すべきことは何か。例えば、子供の命に関わることなど、優先順位を決定する際には、学校経営の理念や目標などをふまえたうえで、優先順位を決めるプロセスも重要となってくる。学校は常に変化する存在であり、優先順位についても教員間のずれ、教員と児童生徒の間のずれが起こる。そうしたずれを調整し、組織やカリキュラムのマネジメントにつなげることが必要で、そのプロセスが重要だろう。その際に、副校長や主幹教諭などのマネジメントが重要となってくる。

　本シンポジウムは、3つの立場からの話題提供を受けて、参加者も指定討論者からのポイントを受けて、意見交換が活発に行われた。そのことから教員のキャリア発達についての興味・関心の高さがうかがえる。今後も本研究会で継続して議論したい話題である。

# 第V部

# 実 践

　第V部の実践では、「キャリア発達支援を促す実践」「教職員のキャリア発達と組織マネジメント」の2つテーマを設けた。「キャリア発達支援を促す実践」は、各地の特別支援学校、通級指導教室の実践である。児童生徒の学びの中から、キャリア発達を促す視点で実践を提案していただいた。「教職員のキャリア発達と組織マネジメント」では、特別支援学校教諭、研究者の立場から、児童生徒の学びにかかわる教師自身のキャリア発達についての視点から実践を提供していただいている。児童生徒と教師がともに育ち合うキャリア発達支援の実践が8本掲載されている。

# 1．キャリア発達支援を促す実践

# 1 生徒が目的意識を持ち、「考える」作業学習を目指して ～木工製品の注文販売及び「木工教室」の取組を通して～

広島県立三原特別支援学校　教諭　若松　亮太

　広島県立三原特別支援学校（以下、本校）では、高等部第2・3学年が縦割りで作業学習を行っており、令和元年度から木工グループ（以下、木工G）において、製品の注文販売と幼稚園等での製作実演・体験（以下、「木工教室」）に取り組んだ。注文販売の取組では、生徒が受注から納品までの過程を経験することで、日々の作業活動に対して目的意識（「なぜ」「何のために」）を持たせ、多様な役割を果たす中で「キャリア発達」を促すことができた。また「木工教室」の取組では、日々の作業活動を通して身に付けた知識・技能を、伝える相手に合わせて取捨選択（思考・判断）し、表現する過程において、自己内対話や他者との対話を繰り返し、「内面の変化」への気付きを促すことができた。多様・多重な学習の「節目」の設定や、役割を果たす経験の創出により、「考える」作業学習の実現が、生徒のキャリア発達を促す方策として有効であることが分かった。

◆キーワード◆　新学習指導要領、作業学習、目的意識

## 1　問題意識と目的

　本校高等部第2・3学年は、全7グループに分かれ、縦割りで作業学習に取り組んでいる。これまで木工Gでは、ベンチや木馬、折りたたみテーブル等を製作・販売し、お客様からも「質が高い」「安い」と好評だった。しかし、販売の機会は学校祭（11月）と、商業施設での販売会（2月）の年間2回であり、生徒にとっての学びのサイクルとしては長過ぎるのではないかと感じていた。結果として、日々の作業そのものに対し、「なぜ」「何のために」という目的意識を持ちにくく、「させられる」作業になっているのではないかと考えた。

　また、木工作業の各工程において、治具等の工夫により、決められた手順で製作に取り組むことはできつつある。一方で、中央教育審議会（2016）によると、今後の社会は人工知能の急速な進化等も予測されており、子供が考える場面を設定し、思考を広げ深めていくことが求められている。作業学習においても、決められたことを決められた通りにできるだけでなく、「考える」力が求められると考える。

　さらに本校には、平成30年度から接客サービスグループ（以下、接客G）が取り組む、月1回の校外カフェ（カフェ「いこい」）の実践がある。地域貢献を通して、生徒のキャリア発達を促すことを目指し、課題発見・解決学習（広島県教育委員会、2019）を推進している、身近なモデルでもある。

　そこで、令和元年度から、木工Gにおける新たな取組として、注文販売及び「木工教室」を始めた。その目的は、特別支援学校高等部学習指導要領の理念を踏まえ、三つあると考える。一つ目は、学習者自身が目的意識を持ち、「考える」作業学習（主体的・対話的で深い学び）

を実現することで、生徒が「三原特支付けたい力」（育成を目指す資質・能力）を身に付けることである。二つ目は、学校内で完結しない「地域協働活動」により、社会に開かれた教育課程を実現することである。そして三つ目は、接客Gとともに、本校における作業学習の新たなスタイルを創造し、カリキュラム・マネジメントにつなげることである（紙幅の都合で割愛する）。

## 2 取組1「木工製品の注文販売」

### （1）取組の意義

髙嶋（2018）は、生徒が仕入や在庫管理、販売・会計のプロセスを体験することで、商業ビジネスの基礎的な理解を促進できるとした。木工Gでは、本校Webサイトに製品チラシを掲載し、注文を受け、生徒自身が受注から納品までの過程を経験する。それにより流通の仕組みへの理解を深められるだけでなく、作業活動を通して「考える」必然性が生まれ、お客様とのやり取りの中で「なぜ」「何のために」という目的意識を持たせられるのではないかと考える。

### （2）注文販売の手順

① 本校Webサイトの製品チラシを見た方から、FAXで注文書が送られてくる。
② 担当生徒が折り返しの電話をし、注文製品の数と納品予定日を確認する。
③ 工程を分担し、生徒6人が協力して製作する。
④ 完成後、担当生徒が電話をし、納品日時を確認する。
⑤ 来校してもらい、代金と引き換えに納品し、使用後はWebアンケートに回答してもらう。

※令和元年度8月末時点で、②まで経験した。

### （3）業務分担

キャリア発達を促す上で、生徒が「役割を果たす」過程は不可欠であり、「人の役に立つ」ことを実感することにつながる（中央教育審議会、2011；菊地、2013）。注文販売を行うことで、これまで教師が担っていた業務を生徒に経験させることができ、様々な役割が生まれた。ホームセンターでの木材選定は材料調達チーフ（以下、調達C）に、出荷前の検品は品質管理チーフ（以下、品質C）に、チラシ作成は広報宣伝チーフ（以下、広報C）に一任した。3年生のリーダーを中心に、全9つの役割を6名（3年生3名、2年生3名）で分担し、各自が1チーフ以上の役割を担っている。

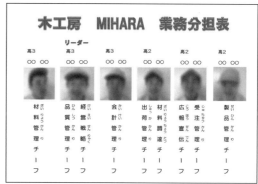

**図1 木工室前に掲示した業務分担表**

### （4）生徒のキャリア発達

4月に初めての材料調達を行った調達Cは、選定をした木材に反りや曲がりがあり、製品に使えないものが少なくなかった。リーダーの上級生から木材選定のポイントを教えられた調達Cは、2回目の調達では反りや曲がりがないかを入念に確認した上で選定した結果、木材のほとんどは加工するに十分なものであった。自分から気持ちを表現することの少ない調達Cだが、「今回は端材になる木材がほとんどないね。あなたがしっかり見て選んだからだよ。」という教師からの言葉掛けに、「はい。」と微笑んだのが印象的だった。

リーダー兼品質Cは、塗装前の検品を一手に担っていたが、そのことで自身の作業が進まなくなってしまい、イライラすることがあった。どうすれば自身の作業と検品とを両立できるか

問われると、以前に研磨作業の見本を教師が用意していたことを思い出し、「見本があればいいと思う。」と答えた。各自が見本との比較により検品を行い、それでも分からなければ品質Cに聞くという仕組みができた。

　広報Cは、自ら放課後等の時間を活用したいと申し出て、チラシの作成をやり遂げた。そのチラシを、どのような方法で地域に宣伝するか話し合わせると、「お世話になった中学校の先生に配りたい。」という意見が上がった。そのことを受けた中学校からは、「みんながチラシはまだかと待っている。」と嬉しい声もいただいた。

## 3　取組2「幼稚園等での『木工教室』」

### （1）取組の意義

　藤林（2018）は、生徒が学んだことを繰り返し伝えていくことで、対象に合わせて、求められる方法で伝えることを学習できるとした。木工Gでは、日々の作業活動を通して身に付けた知識・技能を、伝える相手に合わせて取捨選択（思考・判断）し、表現する場として、近隣の幼稚園においてベンチ製作の実演及び体験（「木工教室」）を設定した。また、木工教室に臨むまでに、様々な場で、様々な相手に、「教える」ことを通して「学ぶ」経験を積み重ねた。それらの活動の過程や結果を受けて、自己内対話や他者との対話を促し、「内面の変化」を見取り、生徒自身が気付けるよう意識し取り組んだ。

### （2）木工教室までの過程

　新たに始まった5月のプレゼン大会では、プレゼン力向上だけでなく、他者理解の促進もねらい、七つの作業グループがお互いを見学し、作業内容を説明し合った。6月のオープンスクールでは、入学予定の中学生に対し、ベンチの製作工程を説明し、作業体験をサポートした。リーダーは、2年生のそばで説明を補定したり、安全を確保できるよう助言したりするだけでなく、徐々にその場を離れ、任せるという姿が見られた。その2年生は、一人目、二人目と説明を重ねるにつれ、分かりやすい言葉を選択して伝えよう、目線を合わせて、優しく教えようとする姿勢が、ひしひしと感じられた。アンケートにも、「先輩が笑顔で丁寧に伝えている姿が良かった。」とあった。

### （3）木工教室

　木工Gのリーダー含め2名が、7月に木工教室に取り組んだ。その練習として、小学部の児童に対しリハーサルを行った。担当生徒2名での打合せの際に、「教室に持って行けない機械があるので、タブレット型端末で録画し、見せてもいいですか。」、また「見えにくいと思うので、プロジェクターで見せてもいいですか。」と申し出があった。児童からは「かっこよかった。」や「高等部に入って作りたい。」という感想が出た。また、リハーサル後の振り返りで出た、「ホゾ加工の動画を撮り忘れていた。」等の自らの気付き、「『切断』ではなく『切る』のように、簡単な言葉の方が分かりやすい。」等の小学部の教師からの助言を受け、幼稚園での木工教室に臨んだ。

　幼稚園（4・5歳児13名）での木工教室では、練習で撮り忘れていた工程の動画を見せることができ、園児の目線に合わせて教えようとする姿勢が見られた。園児から、「お兄さん達が作るのを見たり、一緒に作ったりして、とても楽しかった。」と、アンケートに書かれていた。生徒の振り返りには、「みんなが楽しくやっていて、僕も楽しくなった。」とあり、「心が動く」経験を積み重ねられた。また、「簡単な言葉で説明することができた。」と、リハーサルの反省を生かすこともできた。さらに、プレゼントしたベンチを見た園児から、「触るとサラサラしていて、気持ちいいので嬉しい。」と言われ、年間目標の

一つであり、日々の作業で意識している、「お客様に喜んでもらえるように丁寧につくる」ということを、認められる経験にもなった。

**図２　幼稚園児のベンチ製作体験**

### （4）その後の経過
企業等懇談会では、企業等の見学者に対し、全員が担当工程の説明を行った後、急遽ベンチ製作の実演をする機会を得た。それを見た方から、「週末に店舗でイベントがあるのだが、ベンチのチラシを置いてみてはどうか。」と、声を掛けていただいた。企業や福祉事業所の方から４脚、商業施設に置いたチラシを手に取った方から７脚、ベンチの注文が入った。そのことを生徒に伝えると、「やった。」と、ガッツポーズをして喜んでいた。

## 4　考察（今後の課題）
注文販売や木工教室の取組を通して、多様・多重な学習の「節目」を設定することができ、その度に生徒は、役割を果たす経験を重ねた。「負わされる」のではなく、「自ら進んで他者の求めに繰り返し応える」ことで、責任の理解・形成（鷲田、2013）につながったと考える。

今後は、生徒の言動に現れる内面の変化の「見取り」に一層努め（菊地、2017）、それらの表出に難しさのある生徒のキャリア発達を促す方策についても、工夫していきたい。

**引用・参考文献**
中央教育審議会（2011）今後のキャリア教育・職業教育の在り方について（答申）.
中央教育審議会（2016）幼稚園，小学校，中学校，高等学校及び特別支援学校の学習指導要領等の改善に必要な方策等について（答申）.
藤林真紅「小学校３学年「社会科」授業の外部講師としての地域協働活動～「教える」ことを通して「学ぶ」～」『特別支援教育研究』736号，東洋館出版社，2018, 22-24.
広島県教育委員会（2019）広島県教育資料.
菊地一文（2013）「実践キャリア教育の教科書」学研教育出版.
菊地一文「地域協働活動やリソース共有をとおしたキャリア発達支援が示唆すること」京都市立総合支援学校職業学科（編）『地域とともに進めるキャリア発達支援』ジアース教育新社，2017, 21-32.
文部科学省（2019）特別支援学校高等部学習指導要領.
髙嶋利次郎「地域との連携による模擬株式会社の取組～地方創生に向けた共生社会の担い手を目指して～」キャリア発達支援研究会（編），『キャリア発達支援研究5』ジアース教育新社，2018, 74-81.
鷲田清一（2013）「大人の背中」角川学芸出版.

---

**Comments**

新学習指導要領を踏まえた新しい教育における作業学習では、作業学習の中で育てていく力を明確にした上で、いかに生徒主体の学びを引き出せるかがポイントになる。本実践は、教えることを通して自ら学ぶ状況を作りだすことで、生徒の思考と主体性を引き出す活動内容になっており参考になる。こうした学び方の工夫がとても大切である。

# 2 特別支援教育で「音楽」ができること
## ～キャリア発達の視点から～

横浜市立盲特別支援学校　主幹教諭　林　尚美

　人は誰しも、体の中に「音楽」をもっている。それだけに、「言葉」としての理解や発信が難しい子どもにもスッと受け入れられる、思わず楽しく表現できるという利点がある。だからこそ、「音楽」は人と人とのつながり（コミュニケーション）、社会とのつながりをつくるツールとして、たくさんの可能性がある。「できる」「わかる」を実現することで、自己肯定感、自己有用感を高めることができる。音楽を共有することで、人と自然につながれたり、一体感を感じたりすることができる。その意味において、音楽の授業のみならず、集会や行事、さらに日常の色々な場面で意図をもって「音楽」を活用することで、キャリア発達を促すことにアプローチすることができる。

◆キーワード◆　主体的・対話的で深い学び、特別支援学校、音楽

　私は私立の盲学校、横浜市立の知的障害の特別支援学校、視覚障害の特別支援学校に勤務し様々な障害の子どもたちと接してきた。

　「音楽」というと、歌を歌ったり、楽器を演奏したりと、音を形にする技術が強調されがちだが、特別支援教育の「音楽」はもっと広い意味を含み、自分の体や気持ちを知ること、体や音を使って表現すること、人に伝えること・伝わること、人とつながることを育てることができると捉えている。

○「言葉」を育てる
　「言葉」はリズム（語音）とメロディー（抑揚）
○「表現」を育てる
　ボディーイメージ　身体表現　声　楽器演奏
○「人とのつながり」を育てる
　一緒に動く　相手の動きを感じる　伝える
　わかる　音や動きでやりとり
○「イメージ」を育てる
　文化　季節　行事

　これらの要素を意図して教材に具体化することで、ほかの手立てでは伝えられないことや、引き出せない表現を引き出すことができる。特に小さいうちに「コミュニケーションの楽しさ」「人とつながる心地よさ、楽しさ」「自分を表現することの喜び」などを実感しておくことは後の成長に大きな成果をもたらす。私は今まで、特別支援学校の中で、音楽の授業のみならず、これから始まることのきっかけや見通しを作る、儀式的行事の意味を知る、自分なりの表現で表す、人と共感するなど、多様な場面で意図をもって「音楽」を活用してきた。

　難しい、苦手な場面でも意味が分かり、自分なりの参加の仕方が用意されていれば、参加することが可能になる。日常では人との適度なつながりが苦手な子どもたちでも、音楽を介して心地よくかかわる体験をすることで自信ができる。それには①教材に子どもをあ

2 特別支援教育で「音楽」ができること

てはめるのではなく、目指す子どもの姿を引き出す仕掛けをした教材を使うこと②他の場面では実現しにくいことを意図的に実現できるような仕掛けを作ること③説明しなくてもできるようにする（必然的に「できる」状況をつくる）こと

　以下に挙げた歌は、その実践の中で生まれてきたものである。どのような意図で作られ、どういう場面で歌われ、子どもたちが何を学んだのかを紹介する。

### ドドレミ音楽（音楽の授業の始まりの歌）

　音楽の授業では、始まりの歌を歌っている。この歌を歌うことで音楽の授業に対するワクワク感、今日やる内容への期待感が高まり、授業に入る心と体の準備ができる。

　みんなこの歌が大好き！名前を呼ばれた時の楽器の鳴らし方は音の大きさやリズム、叩き方など自然とその子らしさが表れる。

### ハッピーハッピーバースディ（誕生日会）

　誕生日ってどんな日？？自分が生まれてきたことを幸せに思う日、周りの人とともに今までの成長を振り返り、喜び合う日、更にこの先の成長を期待する日。この日だからこそ伝えたいメッセージは何だろう？祝う人と祝われる人でともに喜び合うアクションは何だろう？と考えて、この歌を作った。

例）ハッピーハッピーバースディ　ケンさんの誕生日　ハッピーハッピーバースディ　14歳になりました　自転車はやいぞ　ケンさん　笑顔がステキな　ケンさん　電車が大好き　ケンさん　ずっとずっと　ともだちさ～　パンパンパパ～ンおめでとう×3　みんなでみんなで乾杯

　この歌は主役の人の良い面にフォーカスをあて、みんなで歌詞を考えることに大きな意味がある歌だ。祝われる人の得意なことや好きな物を話し合って3つ歌詞に織り込む。名前も入る。大抵、祝われる人はとても照れくさい顔をする

<ポイント>
・楽しい「音楽」を想起する楽しく明るい歌
・音楽のことを連想できるキーワードがある
・歌詞に合わせて簡単な身振りがついていて、誰でもそれぞれの表現で参加できる
・一緒に参加している人を知ることができる
・自分の登場場面がある＝名前を呼ばれたら楽器（タンブリン、太鼓など）を鳴らす＝自分を表現する
・友だちと手をつないで一緒に参加することを意識する

が、みんなとてもうれしそう。そして最後は「パンパンパパーンおめでとう」の歌詞に合わせて祝われる人が祝ってくれる人たちの間を回り、ハイタッチをし、触れ合う仕組みだ。

> **＜ポイント＞**
> ・誕生日が楽しくワクワクするような明るい歌
> ・「生まれてきてよかった」と実感できる歌（自己肯定感、自己有用感）
> ・祝う人と祝われる人が自然にふれあい、気持ちを伝え合う

　Aくんは、人と適度に関わるのが苦手で、いつも友だちとは距離をとるようにしており、自ら関わりをもとうとすることはあまりない。Aくんは3月生まれ。3月のお誕生日会をやった時のこと、Aくんは模造ケーキのろうそくを吹き消し、プレゼントのカードをもらい、椅子に座っていた。そしてAくんの歌をみんなで作り歌っていた時のこと、何の促しもなしに、「パンパンパパーンおめでとう～」になったら、自ら立ち上がって、友だちのところをハイタッチして回り始めたのだ。みんなでビックリ！今までの毎月のお誕生日会でみんながやっていたことを良く見て、わかっていたし、今日は自分が主役だって事も理解していたのだと。こんなに自然に友だちとふれあうAくんの姿を引き出せたのは、まさに「音楽の力」だ。

### 春が来て（小学部・中学部卒業の歌）

　始業式・終業式、入学式・卒業式などの儀式的行事は、学習指導要領の中では特別活動【学校行事】の位置づけの中で、各行事に主体的に参加すること、協働して取り組むこと、学校や学年のことを考えて一体感をもって取り組むこと、自分の役割を考えて取り組みを工夫する力を指導することとなっている。知的障害の特別支援学校では、自閉スペクトラム症の児童生徒が多く在籍している。たくさんの人が密集し、通常とは違う雰囲気のイレギュラーな活動である儀式的行事や全校行事が苦手な児童生徒は多い。それに応じて、少しでも内容をわかりやすく伝えられるよう、スケジュールや関連の写真やイラストなどをスクリーンに投影する、会場内にいるのが辛い児童生徒のために体育館の外にモニターテレビを設置し、中の様子を映し出すなど視覚的な提示の工夫をしている。小学部から高等部までの在籍12年間の中で、少しでも内容を理解し、そこにいることの意味を知り、主体的な参加ができるよう、長期の目標を目指し、毎年重ねていくことが大切だ。

　「卒業」は学校教育期間の中でキャリア発達の観点から、大きな意味をもつ節目である。保護者、教員をはじめとして、本人を取り巻く人たちが、今までの成長を振り返り、「卒業」の日を迎えられたことを「おめでとう」と祝う。本人はここまで過ごしてこられたことを自覚して喜び、支えてくれた人たち、祝ってくれる人たちに「ありがとう」と感謝をする。その大切なお互いのメッセージを伝え合うことこそが、「卒業式」の大きな役割である。

　小学部、中学部の児童生徒は卒業しても、また同じ学校に通ってくることになるため、「旅立ち」とか、「さよなら」ではない歌が必要だという状況から、この歌が生まれた。覚えやすいシンプルなメロディー、在校生は「おめでとう」と歌い、卒業生は「ありがとう」と歌う。相手が待っている間、黙っているのも難しいので、「ラーラーラー」とハーモニーを歌うことで合唱になった。簡単な身振りをつけ、「（身体表現で）歌える」ようにした。それぞれが自分の立場で、自分の表現で主体的に参加できるスタイルが実現できた。

## 2 特別支援教育で「音楽」ができること

春が来て

詞・曲 林 尚美

<ポイント>
・「卒業」を自分事として実感できる
・それぞれが伝えたい気持ち（本人、保護者・教員）のやりとりができる
・気持ちの表現…歌、身振り、体をゆらす
・曲の心地よさ、合唱＝音の重なりの豊かさ
・教材としての工夫…歌いやすい音域、覚えやすいメロディー、覚えやすい曲の長さ、自分なりの表現で参加できる

　練習の時から心地よい笑顔で体をゆすって参加する子どもたち。活き活きと身振りをしながらやさしい声で歌う子どもたち。「おめでとう」「ありがとう」の自然なやりとり。保護者の涙。毎年、歌声にお互いの気持ちが重なって、とてもあたたかい空気が体育館に満たされる。

### 音楽の授業で

　音楽の授業で使う曲も、歌を聞いただけで、どのように表現するかわかりやすく、歌として楽しく、思わずやりたくなるように工夫した。一つの歌を共有しつつ、それぞれの到達段階な

りの参加の仕方を用意することで、それぞれが達成感をもって楽しく参加することができる。

・手遊び、ふれあい遊びの歌
　自分の体を知る（ボディーイメージ）
　自分の体を動かすこと
　友だち（相手）の体を知る
　友だちと一緒に動くことを意図した歌
・楽器演奏
　言葉の基礎なるリズムを楽器で表現する
　楽器の特性を生かし、その楽器らしい演奏ができるように工夫をした歌
・みんなで動く
　鬼遊び　　ふれあい遊び　　ゲーム
＊以下のサイトに筆者自作の歌の楽譜、伴奏音源、動作のイラストを紹介している。
　「障がいのある子のコミュニケーションを育てるうたのレシピ」
　http://utarecipe.wp.xdomain.jp/

### まとめ

○引き出したい行動に「音楽」を通して自然な形で意味づけをし、人と人との関係を生み出し、「苦手」や「わかりにくさ」がある子もない子も心地よく「主体になれる」「対話（＝人とつながる）できる」深い学びを考えていく。
○「わかる」「できる」を作ることで参加することの意味を感じ、自ら参加できるようになる。
○「音楽」を共有し、個に合わせたアプローチを用意することで、みんなでやるからこそ楽しい、充実した学びを実現することができる。

### Comments

　本実践は「音楽」のもっている力をいかしながら、授業や子どもの暮らしの中で、楽しく自分を表現したり、人や社会とつながったりながら、教師が意図をもって「音楽」と子どもを出会わせた取組である。
　「音楽」の可能性を改めてふり返り、「音楽」を通して子ども自身が、主体的に「キャリア発達」を育むことを示唆した実践である。

第Ⅴ部 ｜実践｜

# 3 ことばの教室が取り組む、本人の思いを大切にしたキャリア発達支援
## ～子どもの思いから自分らしい生き方につなげる実践～

横浜市立西が岡小学校言語障害通級指導教室　教諭　坂本　司良

　言語障害通級指導教室（以下、ことばの教室）では、構音障害や吃音、場面緘黙などにより、自分の思いを伝えきれていない子どもが多く、また ASD など特性による他者との関わりの難しさ、関わりへの関心のなさや関わることへの不安感等による経験の少なさから、豊かな自尊感情による自己の形成、自己肯定感の弱さを感じられる児童がいる。担当者は児童が本来もっている力を価値づけ、自信をもって自分らしさを振りまいていける様な生き方ができる児童になってほしいと考えている。本項では支援者が児童の今のニーズを大切にし、児童自身が「自分らしく生きていいんだ」と実感できる支援の実践について紹介する。
◆キーワード◆　支援者の在り方、自分らしい生き方

## 1　キャリア発達を支える支援者の在り方

　ことばの教室に通う吃音のある児童は日々の吃音症状の変化に不安感を抱いていることが多い。今の吃音症状、自分の話し方へのクラスの反応、家族や担任の吃音の受け止め方等により、自分の吃音のとらえ「吃音観」に揺れながら生活している。彼らほど切実に、真剣に、必死に自分と向き合っている人間はいない。それも毎日…。しかし、「…どうしよう。」と揺れていることは自分と向き合い、今の自分をどうにかしたい気持ちの表れである。すなわち揺れることは、主体的に生きているといってよい。試行錯誤、右往左往すること、悩むことも同じである。児童にはこれを繰り返し伝えてきた。

　しかしながら筆者には吃音はない。吃音のある当事者の気持ちに寄り添えても、同じにはな

れないし、越えられない。葛藤しながら生きている彼らへの敬意の念を示さなければ、彼らは私を見てくれない、私の話など聞いてはくれないと考えている。生き方に関わる支援者はその人の今ある生き方を受け止める姿勢が求められる。支援とは当事者が苦しんできた歴史、当事者が抱えるものをも支えるものだと考える。当事者の今と過去を敬う。そして、当事者がこれから目指す在りたい姿を共に考えていくのである。

　当事者を支えるには当事者に話を聞いてもらう"聞く耳"作りが大切である。それなくして、支援は始まらない。

　キャリア発達支援を「自分らしい生き方の実現」にむけた支援とはいうが、"実現"までを支えきれるのか難しく、責任が重くも感じる。しかし、「自分らしい生き方を"探す"」支援、

自分探しに寄り添いたいと考えている。

## 2　通級指導における"自分らしい生き方"探し 〜場面緘黙児童の事例から〜

3年生からことばの教室に入級した場面緘黙のある児童を担当した。彼の思いはただ一つ「友だちと話したい！」だった。

初回面談では声は出さなかったものの、UNOで色を表す簡単な手話表現を教えるとすぐに覚え、遊びの中で取り入れることができていた。そこに彼のコミュニケーションの柔軟性と遊びたい気持ち、人と関わりたい意欲を感じることができた。好きな物、好きなこともたくさんあり、やりたい遊びも選べていた。

教室ではまったく話さないものの、彼には休み時間、登下校、放課後に一緒に輪になれる友だちがいた。クリクリな目と愛嬌のある表情だけで関わり、楽しく遊ぶことができていた。でも、彼には満ち足りないものがあった…それが「声でのコミュニケーション」である。声を出してワイワイガヤガヤと関わり合いたい、騒ぎたい…そんな強い気持ちをもっていた。

彼の支援には大きな壁を感じなかった。なぜなら小さいころから幼稚園、小学校の友だちにしゃべらないことで嫌な思いをしたことがなかったのだ。これは奇跡といえるほどラッキーなことであった。指さし、頷き、顔の表情でどうにか伝えようとする気持ち、カラオケが好きで、運動会や宿泊体験や地域のお祭りなどが大好きで、気持ちが人との関わりに向かっている子であった。そのため、"積極的な支援"に取り組めた。

初回の通級でも野球盤を持ちながら「これ、どこでやるの？」

**ボイスチェンジャー**

と声が漏れる場面があった。口パクを交えた筆談を交えてイキイキと伝えることは通級開始早々からできていた。

声を出すことを細かく段階的に、本人と相談しながら様々な方法を試していった。まず、私に地声を聞かれることに抵抗感があるだろうと、複数の切り替えスイッチで様々な声に変わる"ボイスチェンジャー"で楽しみながら声を出すことを試すことにした。本人もすぐに気に入り、「ふぅ〜」「ぶぶぶぶ…」「けけけけ…」と息を吹きかけることから始まり、次第に様々なバリエーションの声を出すようになっていった。

声を出す練習と並行して、筆談も大切にした。ホワイトボードに週末に会ったことや学校での様子をイキイキと筆談できていたので、声を出すことだけが目標ではなく、その筆談も大切なコミュニケーション手段であり、素晴らしい力だと繰り返し認めてきた。彼の筆談の文字はまるで話し言葉のようで、大きさや太さ、長さ、短さ、漫画の効果音のようなディフォルメしたような創作文字から、声の抑揚、強弱、大小のようなものが感じられる楽しいものであった。また、文字以外にも表や図や絵も交えて表現できていることも評価してきた。

言葉以外の表現にも注目し、ボディーランゲージ、作った箱庭、プレイルームに並べたブロックが何を表しているのか、アナウンサーの古舘伊知郎さんの実況中継の様に横で言語化していった。そうすると、私が言ったこととは違ったことに「いやいや、そうじゃなくて…」と反応し、筆談やボディーランゲージ、口パクで伝えてくるようになった。ボイスチェンジャーで声を出せるようになってきたので、本人の遊びたい気持ち、場面緘黙の特性を考慮し、担当がいない場所でICレコーダーに今日遊びたいことを録音してもらえれば、担当が準備すると伝

第Ⅴ部 │実践│

えると、早速取り組むことができた。この"勢い"に乗り、ＵＮＯで声を出すことにチャレンジしてみようと振ると非常に小さい声ではあるが、「きいろ…」と言うことができた。ＵＮＯは「ウノ！」の他、「あか」「あお」「きいろ」「みどり」と短い決められた言葉しか話さなくてもよいゲームだ。遊びたい気持ち、ルールを知っている遊び慣れたゲーム、声を出したい気持ち…様々な理由がマッチしたのだと思う。ＵＮＯはその他にも放課後キッズ、雨の日の休み時間、宿泊体験でもよく遊ばれるゲームである。通級指導では取り上げる遊びが普段の生活にも普通にあるもので、それが友だちとの関わりにできるだけつながるものがないか、探すことに努めている。ＵＮＯを重ねるにつれて、次第に出す声も大きくなっていった。通級で声が出せる時間が増えると筆談も少しずつ減っていった。長期休みを挟むと、休み明けの通級では筆談中心のコミュニケーションになるが、それも徐々に口話中心になっていった。

　カラオケ好きと書いたが、通級でもカラオケを楽しんだ。他の小学校も集まる音楽会に向けて、どうすれば自分なりに参加できるのかを一緒に考えた。まず口パクから始めて練習を重ねていくうちに、声を出して歌いたい気持ちが膨らんでいったようで、本番に近づき、校内での発表では少し声も出しながら口をしっかり動かすことができた。本番では大きな市民ホールで舞台に立って口を動かすことができていた。この経験が大きかったのか、以後の音楽室での音楽の時間だけでなく、教室でも歌を（声は出ていたか未確認）大きな口パクで楽しそうに歌うことができるようになった。本校には特設音楽クラブがあり、興味がありそうだったので、担任と通級担当で勧めると、やや不安感もあったがすんなりと入部することになった。しかし、

歌が好きという気持ちが、その不安感をどうにかしようとするエネルギーにできた。歌っている顔、口を動かしているのが普段関わりの少ない他学年、他クラスの児童に見られることに抵抗感があったようなので、歌詞ファイルで顔を隠せばどうかと提案すると、すぐに実践した。このすぐに実践する意欲、実行力も彼の強みだった。そのうちに音楽クラブの練習の場に慣れ、徐々にファイルを下げていった。音楽クラブの活動では市民ホールのような大舞台や、地域のお祭りで歌ったりして、自信をつけていった。

　クラスでは担任と連携して少しずつクラスの友だちの輪を広げようと、"話せる友だち"と"話せそうな友だち"、"これから話したい友だち"数名を通級に呼んで、休み時間に遊ぶことにした。結局、狭い通級教室での友達との近い距離感、いつもと違う雰囲気、空間なので話せなかったが、学校という環境で、仲良しと遊ぶ時間を持てたことで、教室での関わりにも弾みはついたようだ。放課後の生活も充実させようと、友だちの誘い方にも着手した。友だちから遊びの誘いの電話はよくかかってきていたので（今までは母親が対応していた）、もしかかってきたら最初に母親が出てから受話器を受け取り、「うん…」だけでも友だちからの問いかけに応じてみる、しゃべりたい（しゃべれそうな）友だちを自宅に呼びしゃべってみる、次はその子に自分から電話して遊びに誘ってみる…これを繰り返し、徐々に話せる友だちを増やしていった。その内に放課後には仲良しと遊びの中で話せるようになり、登下校も数人の仲間とひそひそと話している姿も見られるようになった。

　校内での場面緘黙の"場面"が徐々に減っていった。仲良し以外の友だちに話している場面を見られても大丈夫になり、むしろ話している場面を見られた友だちと「これを機会に話して

みよう！」と言いだしたり、筆者以外の通級担当者が近くにいても話し続けたり、通級教室のドアを閉めてから担当と話していたものが、ドアを開けっ放しでも「いいよ…」と気にしなくなったりした。また、仲良しの友達とはトイレから図書室の隅、廊下の隅と話せる場所が変わり範囲も広くなり、自分の教室という最後の壁もクリアし、隅ながらも話せるようにもなり、6年生の最後にはクラスの3分の1以上の友だちと話せるようになった。話すことを無理強いしない友だちが筆談やいつも通りの関わりを尊重してくれたことで、徐々に小グループでの話し合い活動でも仲間によっては話せるようにもなった。学校では最終的には挙手で発表、担任と話す以外は声を出せるようになっていた。

4年生の2分の1成人式や卒業式では担任と通級担当とクラスの仲間とどうすれば自分らしく、自分の思いが伝わる伝え方があるのか、アイデアを出し合った。また、舞台の立ち位置がどうか、並び順、周りの友だちで誰をつけるか、発表の仕方（動画を事前に撮ったものを当日の会場で流す、仲良しに代読（代弁）してもらう、友だちと一緒に声を出す等）を考えていった。ただ、本人の中では「みんなと同じようにやりたい…」という気持ちがあった。ただ、もしできなかった時の保険代わりに、気持ちの準備にいくつか策を考えていたかったのだろう。結果、2分の1成人式も卒業式も声は出さなかった。しかし、結果ではなく筆者はこの本人の葛藤していること、迷っていること、試行錯誤してき

たことを認め評価してきた。

## 3　当事者の積み上げてきたもの（歴史）を尊重する

6年生になると、「坂本先生、今年は自分で友だちを作ってみるから、担任の先生も坂本先生も見守っといて！」「今年はクラス全員と話せるようになる！」と自分から目標を立ててきた。目標を立てるだけで終わらず、方法も具体的で、関わったことがない子を仲が良い子をキーパーソンにして、話せる友だち関係を少しずつ広げていったことには筆者も驚いた。

3年生から卒業まで、彼の話したいという思いに寄り添いつつも、彼のすでにもっている力を認め、「話すことだけがゴールではない」ことを早期から繰り返し伝えてきた。それは、彼が一生懸命自分と向き合い、自分なりに葛藤し苦しみ、悩んで生きてきて、その努力で身に付けたコミュニケーションを尊重したかったからである。はじめから子どもなりに積み上げてきたものを無視して、指導・改善の視点からアプローチしてはならない。今の子どもを作り上げた歴史、子どもの声、切実な思いが"主体的に改善・克服するために必要な"自立活動の内容になり、自分事と捉えながら主体的に取り組んでいけるようになると考える。治す（直す）のではなく、今あるもの（力）、自分の力に気づかせ、さらに引き出し、その力を人とつないでいくような支援をこれからも行っていきたい。

### Comments

　本実践は吃音のある児童の「思い」を踏まえ、「自分らしく生きる」ことを大切にしたものであるが、そのアプローチは障害種別を問わず広く大切にしたい視点である。児童と教員が共にキャリア発達する点にも着目したい。

第Ⅴ部 ｜実践｜

# 産業技術コース　ビルクリーニングで言語能力を育む取組

石川県立明和特別支援学校　教諭　小西　夏

　本校は、平成22年4月に知的障害教育部門と肢体不自由教育部門を併置した総合特別支援学校として開校し、今年度10年目を迎えた。現在、小学部、中学部、高等部合わせて342名の児童生徒が在籍している。知的障害教育部門高等部の普通科には、知的障害の程度が軽度で、全員が一般就労を目指す生徒が所属する「産業技術コース」を設けている。1学年8名の定員で、現在は3学年で23名が所属している。主として専門学科において開設される教科（本校では通称「専門教科」）を中心とした教育課程で、生徒は流通・サービス（ビルクリーニング）、農業（フードデザイン）のいずれかに所属し、職業に関する知識や技能、態度等を学んでいる。本稿では、ビルクリーニングにおける言語能力を育む取組について紹介する。
◆キーワード◆　言語能力の育成、教科等横断的な視点

## 1　本校の研究について

　本校では平成29年度より文部科学省委託事業「特別支援教育に関する教育課程の編成等についての実践研究」の3年間の研究指定を受け、今年度が3年目に当たる。

　知的障害教育部門高等部では、平成30年度・令和元年度の2年間で「新しい時代を見据えた授業作り－教科等横断的な視点に基づく「つけたい力」が身に付く学びを目指して－」をテーマに研究を進めている。今年度は、特に国語、数学と作業学習・専門教科との関連を取り上げ、授業改善に取り組んでいる。

　本稿のテーマでもある「言語能力」については、特別支援学校高等部学習指導要領（平成31年2月公示）第1章第2節第2款の2の（1）において、「言語能力、情報活用能力（情報モラルを含む。）、問題発見・解決能力等の学習基盤となる資質・能力を育成していくことができるよう、各教科・科目等又は各教科等の特質を生かし、教科等横断的な視点から教育課程の編成を図るもの」と示している。また、平成30年度新特別支援学校高等部学習指導要領等説明会における文部科学省説明資料（平成31年2月）第2編第2部第1章第3節の2の（1）のアにおいても、「言葉は、生徒の学習活動を支える重要な役割を果たすものであり、全ての教科等における資質・能力の育成や学習の基盤となるものである」とし、「言語能力の向上は、生徒の学びの質の向上や資質・能力の育成の在り方に関わる重要な課題として受け止め、重視していくことが求められる」と示されている。

　このように学習基盤となる資質・能力である「言語能力」を専門教科「ビルクリーニング」

で育む取組を紹介する。

## 2　ビルクリーニングについて

　ビルクリーニングには、1学年4名ずつ、計12名の生徒が所属しており、指導には常時3名の教師があたっている。活動内容は校内の業務清掃（ワックス剥離やワックスがけ等、ポリッシャーなどの大きな用具を使用する清掃）、日常清掃（タオルや自在ぼうき、スクイジー、ダスタークロス等を使用する簡易的な清掃）を中心に、トイレ清掃、式典や研修会等の会場設営など、多岐にわたる（写真1、2）。それらのほとんどが2～4名程度の小グループを編成して行う活動である。

　生徒はみな活動に対する意欲は高く、上級生が下級生に技術指導を行う体制ができている。ほぼ一通りの清掃は、教員の指示がなくても生徒たちだけで相談して進めることができる。手順書に頼らず、「清掃の決まり」（写真3）を意識した指導をしており、場所が変わってもある程度は臨機応変に対応し、清掃を進めることができる。

　決められた場面での挨拶等はできる一方、言語能力に乏しく、作業手順の意味や行動の意図を問う質問に答える場面や、咄嗟の報告や相談の場面など、思考を伴う場面になるとうまく話すことができない生徒が多い。

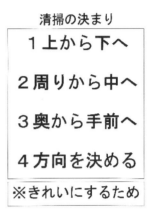

写真3　清掃の決まり

　生徒の状況及び本校研究テーマから、ビルクリーニングの時間の指導において、決まった場面での決まった言葉だけでなく、臨機応変に対応できる「言語能力の育成」を目指した活動に取り組むことにより、生徒のキャリア発達を促すことにつながるのではないかと考える。

## 3　言語能力を育む取り組み

### （1）手順や行動の意図の言語化

　これは生徒が普段行っている作業や指示されたことについて「なぜ、なんのため」にそれを行っているのか、説明を促す取り組みである。中には決まった手順通りに作業をしているが、その手順を行う意味がよく分からないまま、先生や先輩にそうするよう指示されたから、ただなんとなく行っている生徒もいる。意味が分か

写真1　ワックスがけ

写真2　体育館の会場設営

らず行っているのでは、手順が抜けてしまったり、場面が変わったときに応用できなくなったりしてしまう。生徒の言語活動を促すとともに、場所が変わっても応用が利く清掃技術を身に付けるため、手順や行動の意図を言語化することを行っている。ここで、教師の問いと生徒の返答を紹介する。

**教師** （教室清掃の手順について）「なぜ黒板や机を先に、床を後に清掃する必要があるのか。」

**生徒** 「ごみやほこりは上から下に落ちるので、先に床を清掃してしまうと、後に黒板や机を清掃したときにまた床が汚れてしまうからです。」

**教師** （教室内の荷物を廊下に搬出する場面で）「なぜ今、この大きな机を出入り口のすぐそばに置いたのか。」

**生徒** 「重いものはなるべく近くに、軽いものはなるべく遠くに置く方が、効率が良いからです。」

普段は無意識に行っていることを言語化するのは、実は意外と難しい。ときには教師も言葉に詰まってしまうくらいである。正しかろうと間違っていようと、あらゆる場面で生徒にその手順や行動の意味を言語化することを求めると、苦手ながらも必死に考え、説明しようとする。この積み重ねが、言語能力を育むことにつながっていくと考える。

### （2）主任・副主任制度の導入

ビルクリーニングの時間が始まる際、生徒と教師全員が集まり、ミーティングを行っている。これまでは教師が集合の合図を出し、作業の説明や生徒の役割分担などを行っていたが、今年度からはその役割を生徒が担うこととした。輪番で生徒の中から主任と副主任が決まり、集合の号令や作業内容の説明は主任が、生徒の分担は主任と副主任が相談して行う。これにより、その日によって違う作業内容やメンバーの能力、出席状況等を考慮して分担を決めたり、作業の説明をしたりしなければならなくなる（写真4、5）。

写真4　ミーティング

写真5　主任と副主任が相談し、役割分担

決まった場面での決まった言葉だけでなく、その場の状況に応じた相談が必要となることで、言語能力が育まれるのではないかと考えている。

### （3）ワックスがけに関する日程調整

ワックスがけの作業は午前、午後をまたいで行う必要があり、作業が始まるとその日は教室に入ることができなくなってしまう。そのためワックスがけを行う教室の担任の教師には、予めワックスがけをすることの了承を得る必要がある。これまではその日程調整を教師同士で行っ

ていたが、今年度からはビルクリーニングの生徒が担任の教師と調整を行うこととした。生徒は相談に行く際、国語や職業で学習した敬語やクッション言葉等を駆使し、必然的に丁寧な言葉遣いを意識する。そこですぐにＯＫをもらえれば終わりなのだが、中には「昼休みには教室に入れないと困るから、なんとか午前中に作業を終わらせてくれないか」や「その日は都合が悪いから、別の日にしてもらえないか」と、思考を伴う返事が返ってくることもある。そこで咄嗟に「担当の先生と相談します」と事案を持ち帰り相談できればよし、慌てて言葉に詰まってしまうのであれば、教師としては格好の指導機会である。このような機会を設けることもまた、言語能力の育成につながると考えている。

## 4 考察

実際の現場実習や卒業後の生活を想定すると、（1）は、自らの仕事を理解し、周りの人に説明をしたり、引継ぎをしたりする場面。（2）は、職場の人と相談をして物事を決めたりする場面。（3）はお客さんからの質問や要望に応える場面で、それぞれ必要とされる言語能力につながるのではないかと考える。学校におけるあらゆる場面での言語能力の育成は、社会で役に立つ力となり、キャリア発達に直結するものと考えられる。

また生徒が国語や職業の時間に学習している「敬語」や「報告・連絡・相談」については、その授業で行うロールプレイや机上の学習のみ

では、生徒が学習内容を実際の職場で般化するのは難しい。専門教科の時間で、ロールプレイではなく実際に必要に迫られる場面があることで、生徒はそれらを必然的に意識し、経験によって般化され、実習や卒業後に生きる力になっていくのではないかと考える。このように教科等横断的視点に立って考えることで、学習内容の般化につなげている。

これらの活動は今年度から始めたばかりであり、言語能力を育むための手立ては、まだまだ模索中であるが、生徒たちの様子には変容が見られる。朝のミーティング前には、主任と副主任がその日の状況を考え、役割分担に頭を悩ませる姿が見られるようになった。またワックスがけの時間には、2・3年生は後輩たちに対し、道具の使い方や手順のみでなく、それらの意味を言葉で伝えようとする姿が見られるようになった。その結果、これまで時間内に終えることのできていた作業が、役割分担や後輩への説明に大きく時間を割いてしまい、時間内に終えられないことがあった。それでも生徒たちは自分たちで考えを巡らせ、言葉を尽くして伝えようとしている。時間はかかるかもしれないが、このような経験により、生徒の言語能力は少しずつ向上していくのではないかと考えている。

言語能力を育み、決まった場面での決まった言葉だけにとどまらず、あらゆる場面や相手を想定したコミュニケーションをとることができる生徒の育成に、これからも努めていきたい。

### Comments

本実践は「言語能力」を「教科等横断的な視点」で育成を図るだけでなく、専門教科で卒業後を見据えた場面設定により、自ら考え、言葉にすることで、今の学びと将来がつながり、「キャリア発達」も促される実践である。

# ２．教職員のキャリア発達と組織マネジメント

# 5 地域と学校が共に育つ学校づくり
## ～地域の力を借りたカリキュラム・マネジメント～

京都市東山総合支援学校　教諭　筧　薫

　京都市立東山総合支援学校は、高等部単独の職業学科を設置する学校である。開校以来「地域と共に」をコンセプトに、地域の中で役割を担う地域協働活動を教育課程の中心に位置づけてきた。生徒たちは、地域の様々な人と共に活動しかかわるなかで、地域の人たちから頼りにされ、感謝される存在となっており、今では地域も学校もお互いにとって、なくてはならない存在となっている。今まで積み重ねてきた取組をこれからも持続・継続し、発展させていくために、地域協働活動で生徒たちの「何を育てるのか」また、「どのように育てるのか」というその意義を全教職員が理解し共有し実践していく必要がある。本稿では、カリキュラムの構造化と共に地域協働活動を推進するための校内組織体制や学校と地域をつなぐ地域とのかかわり方について紹介する。

◆キーワード◆　地域協働、共有、つなぐ

## 1　本校の教育課程が目指すもの

　地域の人達がいないと、授業が成り立たない。学校は地域とそういう関係にある。
　本校は、「学校と地域が共に育つ学校づくり」を教育目標に掲げ、「地域に必要とされる学校、地域に必要とされる生徒」を目指し、地域協働活動を教育活動の軸に据えて、社会に開かれた教育課程を展開している。
　専門教科「地域コミュニケーション」（本校独自の名称）では、社会との接点の中で必要とされる存在となる「地域での学びの場」を年間の授業として配置し、カリキュラムの中に位置づけている。生徒たちは地域の様々な場所で、多様な年齢層の人と関わり、活動の中で感謝や期待の声をかけられ、自分が「必要とされる実感」を感じ取る経験を重ねていく。これらは、自己有用感や自己肯定感を高め、働くことを通して自立と社会参加を自らの手で実現していこうとする意欲と態度を育てるためのものである。

## 2　持続・継続していくカリキュラム

### （1）教員間をつなぐ対話の場

　本校では地域協働活動が単なる体験活動で終わらないように、生徒の何をどのように育てるのかというキャリア発達支援の視点を教員間の対話により共有する会議を設定している。
①サービス会
　本校は、専門教科を地域活動のテーマによっ

第Ⅴ部　｜実践｜

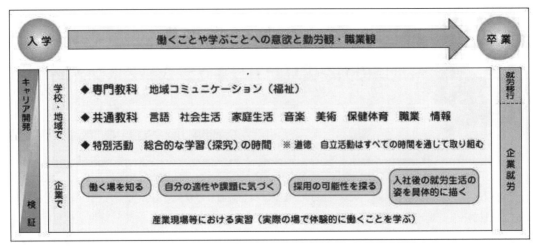

**図1　教育課程の構造**　※注1　言語、社会生活、家庭生活は各教科等を合わせた指導

て4つの学習グループ（サービス）に分けて、学年縦割りで取り組んでおり、一部の共通教科（注1　言語・社会生活・家庭生活）も、同じグループで学習している。これは、地域協働活動から見出された生徒の気づきをとりあげ、学習内容を関連づけやすくするためである。

サービス会は、グループごとに専門教科と共通教科の授業担当者がチームとなり、授業の企画・運営や評価・改善に関する協議をする、月2回隔週で設定している会議である。

生徒のキャリアプラン（個別の包括支援プラン＝個別の教育支援計画＋個別の支援計画）における本人の願いの実現に向けて、経過や実態の共通理解を図り、目標の策定と更新、達成するための具体的な手だてや状況づくり、評価や次への方向づけについて複数の目で捉え、生徒の育ちの過程を共有し、カリキュラムの評価と改善について検討している。

②コーディネーター会

各サービス会のまとめ役（専門教科担当）と学年主任、進路指導主事、教務主任で構成しており、メンバーの大半が30歳代の校内のミドルリーダーである。

サービスを超えて行う地域協働活動についての企画及び調整をする。活動後の生徒や教員、地域の人の気づきや学びについて情報を集約し、それぞれのサービス会で成果を共有する。また、それぞれの立場から校内で推進していきたいことについて提案し、その方策を考える対話の場にしており、教員のモチベーションが高まり、組織が活性化してきている。

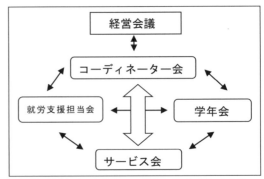

**図1　カリキュラム・マネジメント関わる会議**

## （2）地域行事でつなぐ場

　元小学校の跡地にある本校のグランドや体育館では、地域の大きなイベントである「夏まつり」「学区民体育祭」「福祉まつり」が毎年行われている。この行事に生徒は運営スタッフとして役割を担い参加している。テント立て、荷物運び等の準備から当日の運営、後片付けまでを手伝い、地域の人から喜ばれている。休日ではあるが、授業として位置づけ、全員が参加することとしている。

　教員も同じようにいずれかに参加し、地域協働活動を全教職員が体験する。生徒の働きぶりや地域の人との関わる様子を見ることができ、活動の意味を理解していく。また、地域の人の要望に応えて、生徒と一緒に働くことで教員自身も役に立つ自分を実感し、自己有用感も得られる。生徒のキャリア発達に気づく場であり、教員自身のキャリア発達も促される。地域の人と顔なじみになるいい機会ともなっている。

## 3　発展していくカリキュラム
## 　～地域の力を借りて～

### （1）地域と学校をつなぐ対話の場
#### ①学校運営協議会

　学校運営協議会では、学校運営方針についての承認や教育活動、特に地域協働活動のあり方について評価・検証をしている。地域協働活動の一層の充実と双方向化のために、本校の地域協働活動にかかわる立場の自治連合会、社会福祉協議会、包括支援センター、近隣の保育園や児童館、区役所地域力推進室等の方々にも参画をお願いし、年間3回開催している。

　校内にある交流農園「ぽかぽかファーム」は、使わなくなったプールに土を入れて畑にするというアイディアを学校運営協議会の中で検討し、具現化したものである。地域自治会から生徒と一緒に農作業するメンバーを募り、学校と連携して運営している。校地の狭い本校にとって、この畑は地域の人や近隣の保育園児等、多様な世代の人と共に活動する学びの場となっている。

#### ②地域協働プロジェクト

　地域の社会福祉協議会と毎月1回行う会合である。校内の交流スペースに高齢者が集う「すこやかサロン」「健康体操教室」や「配食サービス」「ふくしまつり」等の打ち合わせをしている。活動ごとに振返り、地域と学校がお互いの気づきを語り合い、生徒の成長の様子や生徒と一緒に行う活動の意図を共有している。

　新しく移動販売車での「高齢者への買い物支援」を始められる時も、生徒の学びの場として主体的・対話的な深い学びにつながるようなかかわり方を一緒に検討してきた。

### （2）地域と地域をつなげる場

　学校の隣に開業したホテルから、「学校のお役にたちたい。何かできることはないだろうか。」という申し出があり、校内のカフェで提供している焼き菓子の製菓指導をお願いすることにした。一流ホテルのペストリーシェフに製菓の技術から片づけの仕方まで、プロの技を学ぶ「クッキングスクール」が始まった。

　授業の中で生徒からシェフへの質問は、製菓の技術のことよりも「この仕事を選んだ理由は」「仕事をしていてうれしかったことは」「仕事のやりがいをどんなところに感じますか」等、働くことに関したことが多かった。シェフにとっ

てこの生徒の反応は意外であったようで、生徒に対する見方が変わっていった。

また、ある生徒は、「今日は、シェフと自分の仕事の仕方の違いを見たい」と作業場の整理や段取りというシェフの動き方に着目していた。この生徒は企業実習の場面で効率の良い作業の仕方を求められていたのである。この生徒の気づきから、教員が授業の改善につなげるという教員自身の変容も見られた。具体的には授業の視点を自分たちが教えてもらう「クッキングスクール」から、生徒がスタッフとしてシェフをサポートする「クッキングスクール」とした。受講対象者を生徒から地域の人に変えることで、周囲の状況を見ながら自分の動きを考える主体的で対話的な学びの場になると考えたからである。加えて、学校が地域と地域をつなぐ場ともなった。

活動の中に教育的意義を教員が意図をもって組み込み、生徒の学びの場を広げていく。活動を通して、生徒の変容に気づき、そこから指導内容や支援の手だてを改善していく。そのことは、教員自身のモチベーションを向上させ、充実感を生み、そこに教員自身の「深い学び」が生まれる。それが組織を活性化させるのだと考える。

## 4 これからも地域と共に

教員の世代交代が続いていく今後、地域協働活動の形のみが継承されないように、そこに意図するものは何か、「なぜ・なんのために」するのかを考え続ける組織でありたい。そのために学校として目指すものを地域の力を借りて地域協働活動の視点から共有していきたい。目標が共有されている組織は強い組織である。カリキュラムをマネジメントすることは、組織をマネジメントすることにつながっていくのではないかと考える。

夏休みのある日、ぽかぽかファームで水やりをしていた生徒と教員は地域の方から、「お盆の間は、私たちが水やりをしておくから休んでよ。」と声をかけられた。地域協働活動は、地域の人にとっても楽しみを感じながら活躍する場となっており、地域の活性化にもつながっている。これからも地域と学校が対話を深めながら新たな価値を創造する関係性を継続し、共に育っていく学校づくりを進めていきたい。

**シェフによるクッキングスクール**

**引用・参考文献**
・キャリア発達支援研究会『キャリア発達支援研究1〜5』ジアース教育新社

### Comments

本実践は地域協働活動が「活動」に終始せず相互の「キャリア発達」に資すること、まさに「社会に開かれた教育課程」「カリキュラム・マネジメント」につながることを示唆している。校内外の連携・協働の参考としたい。

# 6 進路に関わらない教員への職業リハビリテーション基礎研修実施による教育効果に関する研究 —自由記述の質的分析の観点から—

高松大学発達科学部子ども発達学科　准教授
山口（藤井）明日香（落合俊郎・川合紀宗）

　本稿は、生徒の職業自立を実現するための教員研修の1つとして、職業リハビリテーションの基礎と技術に関する研修を、日々の業務で生徒の進路指導業務に関わらない教員へ実施したその教育効果について紹介する。進路指導に従事している教員でも職業リハビリテーションについて学ぶ機会は少なく、充実した進路指導を実現するためにもこれらの機会の創出は課題の1つといえる。進路に関わらない教員に、研修を実施した結果、日々の実践とキャリア発達の繋がりや、自立を促す課題の作成とそのアプローチに関して理解が深まったことが確認された。

◆キーワード◆　教員研修、職業リハビリテーション、教育効果

## 1　問題の所在

　特別支援教育制度を利用する生徒に対する進路指導や就労支援において、生徒自身の自己理解や自己の強みへの気づき、必要な工夫や配慮についての意識の未熟さ、自分自身の卒業後の生活に対する願いや夢の不明確、それらを実現しようとする意欲の低さなどは教員の困り感※の一部であることが報告されている（藤井ら、2014a）。

　職業リハビリテーションは、「働くこと」に困難を生じている人へ、自己理解を促しながら職業準備性の向上を図ると同時に働く場となる環境の調整を実施することで、職業自立を実現するための包括的な支援アプローチを行う。職業リハビリテーションを代表する機関は、地域障害者職業センターや障害者就業・生活支援センター、就労移行支援事業所や就労継続A型事業所、就労継続B型事業所などがある。いずれの機関も障害のある生徒にとっては卒業後の進路において連携している機関である。高等部教員や進路指導担当教員（以下、進路教員）は、生徒を特別支援教育からこの職業リハビリテーションに繋げていくことが必須であり、この職業リハビリテーションの基礎的な理解を基に支援機関と連携していく必要がある。特に進路教員においては、職業リハビリテーション領域の専門職の1つである職場適応援助者（ジョブコーチ）としての役割や技術の一部を担うことが求められていることもあり（藤井ら、2011）、その専門領域と日々の業務で求められる専門性との関わりは深くなっている。藤井ら

※「困り感」は学研の商標登録です

第Ⅴ部 ｜実践｜

（2014b）においても、進路教員と高等部教員やその他の教員との間に、チームアプローチを共有する上での意識や考えのずれや専門的な知識獲得の差から共通理解をすることへの困難などの課題が生じていることが確認されている。高等部に所属していない教員にとっては、高等部の教員以上に、進路教員と進路指導におえける諸問題に対する感覚や職業自立を目指す生徒観やキャリア発達観などの相違は顕著であると思われる。障害のある生徒が活きいきとした学校卒業後の職業自立を実現するためには、幼児期又学齢期からのキャリア発達支援の系統性や継続性の確保は重要になる。そのためには、高等部教員と進路教員と小学部や中学部の教員が共通した生徒のキャリア発達や職業自立に関する観を醸成していくことが大切になってくる。

　本研究では、日々の業務の中で、高等部の進路に直接的に従事していない教員に職業リハビリテーションに関する基礎的な研修を実施することによって、生じる効果について検討することを目的とした。

## 2　方法

### （1）対象者及び調査方法

　本研究は、Ｘ大学開講の教員免許法教員免許更新講習「支援を要する生徒の職業自立を促す教育実践 - 職業リハビリテーションの基礎と技術 -」に参加した20名の教員（内訳：現職20名、幼稚園勤務者3名、保育所勤務者6名、子ども園勤務者1名、小学校勤務者5名、中学校勤務者3名、高等学校教勤務者2名）を対象とした。講義は、午前9時から午後4時半まで（80分×3コマ、60分×1コマ、認定試験（60分）

の1日で終了した。認定試験終了後に自記式質問紙調査を実施した。なお回答にあたり、設問に対する答えは講習認定の評価に影響しないことを説明した。2018年Ｙ月Ｚ日に実施した。研修の内容はTable 1に示す内容を4つのコマで編成し、1コマ80分で実施された。

　研修の内容は、Table 1に示す、「Ⅰ．特別支援教育の基本枠組みとキャリア教育」18項目、「Ⅱ．職業自立を支える支援の枠組みと施策動向」13項目、「Ⅲ．支援を要する生徒の職業自立の課題と動向」13項目、「Ⅳ．職業リハビリテーションの理念と枠組み」7項目、「Ⅴ．職業リハビリテーション関係機関の役割について知る」19項目、「Ⅵ．職業リハビリテーションにおけるアセスメントと支援の技術」23項目、「Ⅶ．職務分析・課題分析の作成（演習）」4項目、「Ⅷ．保護者の連携と「立ち直りの哲学」」7項目、「Ⅸ．資料：進路教員を取り巻く環境と現状」10項目からなる9つの領域について、計114項目を用いて職業リハビリテーションの基礎と技術について講習を行った。

### （2）調査内容と分析方法

　調査は、「職業リハビリテーションの基礎を受講して、特に印象に残った内容や学びとなった内容について記述してください」として自由記述による回答を設問した。回答者には「本研究の目的及びデータ分析、個人情報の取り扱い」について説明した。分析は、自由記述をその内容に基づき、1つの内容に文意が複数含まれないようにセグメント分けし、コーディングしたものを、その内容に従って分類した（Table 2）。分類の内容的妥当性については、特別支援教育を専門とする大学教員3名で合議の上決定し

**Table 1**

| 講習分類 | No. | スライドタイトル |
|---|---|---|
| I 特別支援教育の基本枠組みとキャリア教育 | 1 | 支援を要する生徒とは |
| | 2 | 障害のある子どもの学びの場の枠組み |
| | 3 | 特別支援教育の対象概念図 |
| | 4 | 特別支援教育の理念 |
| | 5 | 障害者の社会参加を保障する制度の変容 |
| | 6 | 障害者の権利に関する条約 |
| | 7 | 同上第24条（教育） |
| | 8 | インクルーシブ教育システム |
| | 9 | 配慮が「合理的」であること |
| | 10 | 合理的配慮と基礎的環境整備 |
| | 11 | 合理的配慮実現のための合意形成プロセス |
| | 12 | 義務教育段階における多様な学びの場 |
| | 13 | キャリア教育が求められる背景 |
| | 14 | キャリア教育の4領域8能力から基礎的汎用的能力へ |
| | 15 | 幼児教育の動向 |
| | 16 | 幼児教育の資質・能力 |
| | 17 | 幼児期の終わりまでに育ってほしい10の姿 |
| | 18 | 活き活きと職業自立した生活を実現するために必要なこと |
| II 職業自立を支える施策動向 | 19 | 施策動向と課題 |
| | 20 | 職業能力開発の名称と障害者手帳の区分 |
| | 21 | 就労支援の基本的な枠組み |
| | 22 | ハローワークを中心としたチーム支援 |
| | 23 | 障害者の雇用状況（平成28年6月1日現在）と実雇用率 |
| | 24 | 障害者の雇用状況（平成28年6月1日現在）障害者種別の数の動向 |
| | 25 | 就労移行支援・継続支援事業所及び利用者の数の動向 |
| | 26 | 精神障害者の雇用義務 |
| | 27 | 障害者雇用率制度算定の雇用率の変化 |
| | 28 | 障害者総合支援法の改正について（平成30年4月） |
| | 29 | 障害者総合支援法について |
| | 30 | 就労定着支援事業について |
| | 31 | 特別支援学校高等部の在籍の推移 |
| III 支援を要する生徒の職業自立の課題と動向 | 32 | 高等部を中心としたチーム支援 |
| | 33 | ハローワークを中心としたチーム支援 |
| | 34 | 特別支援学校（高等学校）卒業後の進路選択 |
| | 35 | 多機関・多職種連携における5つの影響要因 |
| | 36 | 就労移行支援における保護者の役割 |
| | 37 | ルート1：ダイレクト就職 |
| | 38 | ルート2で教員に求められる支援の内容 |
| | 39 | 進路教育のイメージ |
| | 40 | 就労移行支援における保護者の役割 |
| | 41 | ルート1：ダイレクト就職 |
| | 42 | ルート2で教員に求められる支援の内容 |
| | 43 | 進路教育のイメージ |
| | 44 | 進路教育のイメージ |
| IV 職業リハビリテーションの理念と枠組み | 45 | 職業リハビリテーションの目的 |
| | 46 | 職業リハビリテーションの基本原則 |
| | 47 | 職業リハビリテーションに関連する法律と制度 |
| | 48 | 職業リハビリテーションの支援モデル |
| | 49 | 自立に向けてどんな準備が必要になるのか |
| | 50 | 自己理解能力の職業生活における自己評価と周囲の評価 |
| | 51 | 職業生活における職業能力の自己評価と周囲の評価 |
| V 職業リハビリテーションと関係機関の役割について知る | 52 | 特別支援学校（高等学校）卒業後の進路選択 |
| | 53 | 地域障害者職業センター |
| | 54 | 地域障害者就業・生活支援センター |
| | 55 | 障害者就業・生活支援センター |
| | 56 | 香川県障害者就業・生活支援センター |
| | 57 | 公共職業安定所（ハローワーク） |
| | 58 | ハローワークの障害者の就労支援 |
| | 59 | 就労移行支援事業所 |
| | 60 | 就労継続支援A型事業所（雇用型） |
| | 61 | 就労継続支援B型事業所（非雇用型） |
| | 62 | 地域若者サポートステーション |
| | 63 | 地域若者支援センター |
| | 64 | ジョブコーチ |
| | 65 | ジョブコーチの役割 |
| | 66 | ジョブコーチの役割と支援 |
| | 67 | ジョブコーチが事業主から求められる支援の内容 |
| | 68 | 企業型ジョブコーチ |
| | 69 | 就労支援ナビゲーター |
| | 70 | 障害者職業能力開発校 |
| VI 職業リハビリテーションにおけるアセスメントと支援の技術 | 71 | 職業リハビリテーションにおけるアセスメントの視点 |
| | 72 | 情報収集のためのアセスメント |
| | 73 | 就労支援におけるアセスメント |
| | 74 | 就労移行支援のための訓練生のチェックリスト |
| | 75 | 職業リハビリテーションにおける情報収集・整理 |
| | 76 | 作業の種類と作業特徴の整理とアセスメント基準 |
| | 77 | 作業の種類と作業特徴の整理と支援の一歩 |
| | 78 | ナビゲーションブック |
| | 79 | 自己理解を深め自己決定を支援する過程 |
| | 80 | 自己理解に必要な4要素 |
| | 81 | わかりやすく教え方とわかりやすい教え方 |
| | 82 | わかりやすく教える技術 |
| | 83 | わかりやすく教えるポイント |
| | 84 | 自立を促すための技術 |
| | 85 | サポート介入のポイント |
| | 86 | 指示の4段階 |
| | 87 | 指示の出し方 |
| | 88 | 構造化をどうやって明示するか |
| | 89 | 構造化の視点 |
| | 90 | 職務分析 |
| | 91 | 課題分析 |
| | 92 | 課題分析の例 |
| | 93 | 自立を促すため上手く関わりと褒める |
| VII 職務分析・課題分析表の作成 | 94 | 課題分析表の作り方 |
| | 95 | 課題分析表の記入方法 |
| | 96 | 課題分析表を作成してみよう |
| | 97 | 課題分析表を作成するために話し合うポイント |
| VIII 保護者との連携と立ち直りの哲学 | 98 | 保護者との連携と哲学の実践 |
| | 99 | 保護者との連携の難しいのはなぜか |
| | 100 | 保護者のわが子の職業イメージを拡げるための取組み |
| | 101 | リハビリテーション立ち直りの哲学を実現してみよう |
| | 102 | 今自分をしっかり知る |
| | 103 | 生徒の職業イメージの参加の現状 |
| | 104 | 本人と保護者のIEP面談への協働アプローチ |
| IX 資料 | 105 | 進路教育は就労移行支援において何に困っているか |
| | 106 | 進路教育に最も低提供してほしい知識・スキルとは |
| | 107 | 進路教育の専門性の望ましい連携時間 |
| | 108 | 職業開拓の困難と課題とは何か |
| | 109 | 就労移行支援における特別支援学校内連携との領域 |
| | 110 | 特別支援学校教員と就労支援における学校内連携の課題との関連 |
| | 111 | 進路担当教員の専門性と就労支援員 |
| | 112 | 特別支援教員とセンター職員の考える就労支援員の保護者とは |
| | 113 | センター職員から見た保護者と連携する望ましい連携時間 |
| | 114 | 連携課題の解決が期待される取組み |

た。本研究の実施は、高松大学研究倫理審査を経て実施した（高大倫理審 2018001）。

## 3　結果

　分析の結果、受講者 20 名（100.0%）から回答があり、欠損値はなかった為 20 名が分析対象となった。自由記述を分類した結果、「Ⅰ. キャリア教育の意義と実践への気づき」、「Ⅱ. 自立を促す課題の作成とアプローチの理解」、「Ⅲ. 職業リハビリテーションの連続性への気づき」、「Ⅳ. リハビリテーションの哲学的理解」の４つの観点の教育効果が確認された。

　【Ⅰ. キャリア教育の意義と実践への気づき】では、４つの記述が確認された。「Ⅱ. 自立を促す課題の作成とアプローチの理解」で、14 の関連の記述が確認された。「Ⅲ. 職業リハビリテーションへの連続性への気づき」では、３つの記述が確認され、「Ⅳ. リハビリテーションの哲学的理解」では、４つの記述が確認された。

　それぞれの自由記述数及びその内容の詳述はTable 2 へ示す。最も記述数の多くなった観点は、「Ⅱ. 自立を促す課題の作成とアプローチの理解」であった。

## 4　考察

　生徒の職業自立に直接従事していない教員に職業リハビリテーションの基礎的な知識や技術の研修を実施した結果、キャリア教育への意義や日々の実践との関連性への気づき、生徒の自立を促す課題の在り方や指導の仕方に関する意識の変化、日々の教育実践と職業リハビリテーションとの連続性の理解が深まり、リハビリ

テーションに対する哲学的な理解が生じたことが確認された。進路指導や就労移行支援に直接従事していない教員が、こうした気づきや理解が深まることは、日々の自身の教育実践について、生徒のキャリア発達を支える取り組みについて位置づけたアイデアやその関連性について捉え直しができていると考えられ、この変化は研修の効果として考えられる。

　幼児期から高等部卒業後まで、キャリア発達から職業自立を目指す過程をどのような柱を通じて、その育ちを支えていくのか、非常に要となる課題である。本研究では、高等部の進路指導に直接関連の少ない教員を対象に、キャリア教育と職業リハビリテーションとの接続や地域の資源、職業自立を目指す過程における支援サービスの状況や職業リハビリテーションの基礎的な技術を学ぶ機会を提供することで、進路にかかわらない教員についても、この柱となる意識やキャリア発達観の醸成が促される可能性が示唆された。本研究の対象は少数であり、またその後の教員の日々の実践への変化や影響については言及できないが、これまで進路にかかわる教員にのみ実施されがちであった、キャリア教育と就労支援のつなぎや職業リハビリテーションに関する研修を実施することは、各学部間の教員間の意識や実践のギャップを埋める基礎形成としての効果が生じることが期待される。

**Table 2**

| キャリア教育の意義と実践への気づき | | 自立を促す課題の作成とアプローチの理解 | | 職業リハビリテーションの連続性への気づき | | リハビリテーションの哲学的理解 | |
|---|---|---|---|---|---|---|---|
| 1 / 1 | 通級指導教室の担任が実践の指導計画を立てるように一人ひとりを対象にすること。キャリア教育は特別な活動の中で行われるのではないし、普段の授業の中をつなげて行くことが働くために必要な力をつけられるということ | 1 / 8 | 職業自立の大切やわかりやすい教え方等…教え等、すぐにできそうな料理も、小さな単位に分解すると、作業工程がいくつもあり、行っていこうと思いました。全体的に学びながらクラスの子のこと……ありがとうございました。 | 1 / 3 | 受講前は職業リハビリテーションを強く意味でしか捉えられていなかったが、今回受講して、幼児、小・中・高を通じてすべての支援を要する子どもたちが、いかにより早くていねいかの支援の在り方が分かり、行っていこうと思いました。全体的に学びながら…ありがとうございました。 | 1 / 4 | リハビリテーションの立ち直り直すの言葉がとても印象的だった。自分のマインドに留めておき、これからの生き方に役立てていきたい。 |
| 1 / 2 | 課題分析表をグループで話し合いながら作成していったことで、一見すぐにできそうな料理も、（リトルステップ）が多いという…作業工程がいくつもあり、小さな単位に分解すると…難しい話ではないし、支援を要する子どもたちには…目標になって、ひとりひとりに適した支援をしていくことが大切だと思いました。 | 2 / 9 | 支援が必要な子ども達が増えている中で、自分自身の教え方や子ども達の関わり方が…わかりやすい教え方がわかりやすいように…つないでいきたい。 | | | | | |
| 11 / 2 | 生きる力は幼児教育から育てること。 | 2 / 9 | 課題分析が小学校の日常でも生かしていきたい。 | 6 / 2 | 私は普段保育士として働いているので、保ーいのつながりは知っていましたが、その後の流れなどを知ることができて良かったと思います。また一日一日を数えていることが多い様…ありがとうございました。 | 5 / 2 | 一番の印象は、最後にあった生きる教科書であること。私たちは日々過ごす中ですぐ立ち止まり、それについて動けないときもあるが、受講してで前に進んで行けることができて良かったと思います。また一日一日を数えていくことより現状を踏まえた上でどうすべきかをより詳しく掘り下げて教えていただき、とても勉強になった。 |
| | | 3 / 10 | グループに分かれて課題分析発表を作成し、1つの作業を細かく分析する時に、具体的に考えていくと、多くの作業が必要で言葉表現で伝える難しさを感じた。 | | | | |
| 16 / 3 | 今日の課題の内容は支援学校に勤めていない自分にはあまり関わっていない分野と思っていたが、使っている言葉が違っているだけで、実は幼・保の時期から支援の内容は同じなんだと分かって勉強になった。 | 3 / 11 | 保育所で支援の要する子どもたちに対する声の掛け方、大切なのか分からないという悩み…支援を要する人たちが身近にいていて工夫を議論を変えていかなければ…ありがとうございました。 | 10 / 3 | 職業リハビリテーションの内容でしたが、幼児教育に深くつながっていると感じました。 | 11 / 3 | そして教諭として、自己リハの魔法のフレーズがとても心に残りました。ありがとうございました。 |
| | | 4 / 4 | 私が担任している子どもその中に、グループの子は少なくありません。そのうち子たちをどうフォローしていけばいか、見極めて、今日はとても良い受講できました。ありがとうございました。 | | | | |
| | | 4 / 11 | 指示を4段階に分け、言語→ジェスチャー→見本→手添えていけるのか…子どものつながっかる様に…ありがとうございました。 | | | | |
| 18 / 4 | 障害者の社会参加を保障する制度が、いままでは恵意…国のシステムとして権利条約に基づき、法的に義務化…とても楽しく受講できるけれど、高い能力が…よりよい社会に…どんどん私自身も意識を変えていかなければならないと学んだ。 | 5 / 12 | 私は小学校教諭なので、正直内容的にどうなのか…クラスの子ども達や保護者等を思い浮かべながら楽しく受講できました…ありがとうございました。 | | | 12 / 4 | リハビリテーションの立ち直りの哲学です。リハビリテーションとは、障害のあるという状況が自分自身の身体、心の健康を取り戻し、何か目標を持って生きる、合からみとても大切にしながら、仕事、趣味、人付き合いなどを目指す、自分自身を整え、いつでも同僚を変革や自分らしく、自身に大切なこの前向きの変革や同時に生きていることが… |
| | | 5 / 17 | 普段かかわる子どもたちの今を大切にしながら、将来の子どもたち…自立していくことができるような内容でお話しくださり…社会側、私たちが未来数にも考えていくようにならなくてはいけないと考えるように…ありがとうございました。 | | | | |
| | | 6 / 13 | 課題分析を実際におこなってみて、いつも無意識になっていることを、いかにわかりやすく教えるかの難しさを身をもって知ることができました…勉強していくことを大切にしていこうと思います。 | | | | |
| | | 6 / 19 | 中学校教諭として、就職のためには、自立してほしいと思い、サポートしていくことができる体制を作る…自分にデータやすべきかを考えているたら良い機会… | | | | |
| | | 7 / 14 | 課題分析発表を聞けば聞くほど、素材の中身…ちょっと苦労して…スムーズに…することがすすめる気がしました。 | | | | |
| | | 7 / 20 | グループに分かれて課題分析発表の作成は…も興味深かった…一人ひとりを大切にすることも大切なことと…ちょうど理解になりながら…のよい機会… | | | | |

第Ⅴ部 ｜実践｜

**引用参考文献**

藤井明日香・川合紀宗・落合俊郎（2011）特別支援学校（知的障害）高等部の進路指導担当教員に求められる専門性－職業リハビリテーションに関連した専門性に着目して－，職業リハビリテーション,25（2）,2-13.

藤井明日香・川合紀宗・落合俊郎（2014a）「特別支援学校（知的障害）高等部の移行支援における進路指導担当教員の困り感 - 自由記述における指導法及び教員支援に関する記述から -」高松大学研究紀要 61.

藤井明日香・川合紀宗・八重田淳・落合俊郎（2014b）「特別支援学校の就労以降支援における構内連携の課題－進路指導担当教員との連携に関する自由記述の分析から－」，特別支援教育実践センター研究紀要，12，39―48.

**Comments**

　直接、進路を担当するか否かに関わらず、職業リハビリテーションの理念や枠組み等について学ぶことが、幼児児童生徒のキャリア発達を支援する視点に立って教育課程の改善に取り組むことの必要性を再認識させることが示唆された。また、その具体的な方策等について検討・実施・改善を図りたいという教師の側の意識の改革や意欲を喚起することとも密接に関連していることを示唆する興味深い研究知見である。

# 7 教師の「見方・考え方」を豊かにし、教師自身のキャリア発達を促す校内研修の在り方

富山大学人間発達科学部附属特別支援学校　教諭　柳川　公三子

　文部科学省が2016年1月に策定した「次世代の学校・地域」創世プランの中で、「学びあい高め合う教員育成コミュニティの構築」が謳われている。これを受け本校では、「授業研究を中核に据え、教師が専門家として育ち合うための同僚共生を築く」ことを目指す学校改革の一環とし、4年前から独自の研修スタイル富附特支型研修「学びあいの場」（以下「学びあいの場」）に取り組んできた。
　「学びあいの場」は、教師の「子供の見方」を豊かにすることを目的とする。子供の姿から内面を解釈し、それを同僚同士で"聴きあう"ことで多様な見方や自身の見方の傾向に気づく。教師自身が「主体的・対話的で深い学び」を実体験し、教師としての資質向上につながる学びである。
　本稿では、「学びあいの場」の特徴と概要を紹介し、「学びあいの場」における教師自身のキャリア発達について考察する。教師の本質的な学びを支える校内研修の一つの在り方として提案したい。

◆キーワード◆　子どもを観る力、対話を通じた気づき、問題発見型研修

## 1　問題発見型の授業研究

　一般的な授業研究では、教師が教えたことを子供が正しくできるようになるための支援方法はどうあればよいかという「教師の目線」で授業を観察することが多い。一方、「学びあいの場」では、「今、子供はどう考えたのだろうか」という視点で、子供の内面を推察しながら、子供の様子を見るようにしている。（図1）
　このように子供の立場に立った見方をすると、自ずと「こんな方法がいいのではないか」といった「問題解決型」の授業研究ではなく、「A君が○○したのはなぜだろうか」「きっと○○したからではないか」と、子供の姿やその子供の内面の推察（解釈）を聴きあう「問題発見型」の授業研究になっていく。これは、教師の「子供の内面を見る力」を高め、教師の資質の向上へとつながる。（図2）
　また、「学びあいの場」では、新たな「子供の見方」に気づくことを促進する役割として「プロンプタ」を配置している。プロンプタは、授業者への"聴きあい"が支援方法の教え合いにならないよう舵取りをする。プロンプタは教師の学びをデザインする重要な役割を担っている。

図1「学びあいの場」における子供の見方

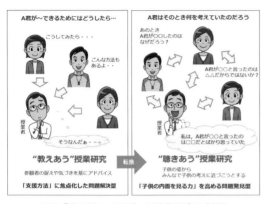

図2「学びあいの場」の授業研究の特徴

## 2 「学びあいの場」の流れ

「学びあいの場」は、①事前の解説（以下、ブリーフィング）、②公開授業、③振り返り（以下、授業リフレクション）、④同僚の学びあい（以下、ラベルコミュニケーション）、⑤授業者への聴きあい（以下、アクティブ・リスニング）、⑥振り返り（以下、協同学習リフレクション）という流れで行う。

### ① 事前の解説（ブリーフィング）

授業者は、実践を通して抱いている授業への思いを「ブリーフィングシート」に書き、公開授業前に参観者へ配布する。指導案とは異なり、参観者に「見てほしいところ」を伝える。授業での子供の姿から、参観者なりの解釈をするための手掛かりとなるよう、どうしてこの授業をやろうと思ったのかという「背景」やどんな力をつけたいのかという「ねらい」、そのねらいを達成するための工夫、授業者が大切にしていること、うまくいかずに困っている悩みなどを書き参観者へ伝える。

プロンプタは、この段階から授業者と打ち合わせを行い、授業者の思いや悩み等を共有する。授業者自身が問題を漠然と捉えている場合には、授業のどのような場面で、子供はどんな様子だったのか、授業者はどういうことが気になっているのかなどを具体的に聴き、授業者が悩み（問題）を整理し絞り込んでいくことをアシストしていく。

### ② 公開授業

参観者は、ブリーフィングシートで汲み取った授業者の思いを念頭に置きながら授業を観察する。このとき、子供の学びが停滞していると思われる場面や、参加者が気になった場面を中心に、できるだけ詳細に参観メモを取る。このメモが、子供の学びが停滞している原因を推察する際の手掛かりとなるため、参観者の捉えではなく、子供や教師の言動をありのままの事実として詳細にメモを取っておくことが重要である。

### ③ 振り返り（授業リフレクション）

授業者は、公開授業後に行うワークショップの冒頭で、授業を実践して気になっていることや参観者に聴いてみたいことを述べる。

参観者は、これをワークショップの論点として視点を共有する。

### ④ 同僚の学びあい（小グループでラベルコミュニケーション）

本校では、子供の姿の解釈を聴きあう際に、「ラベルコミュニケーション」というコミュニケーションを活性化する図解法を用いている。授業のよかったところや改善点を協議するのではなく、授業を見て気になった場面の子供の姿と、子供がどうしてそのような行動をしたのかという自分なりの解釈をラベルに書き3～4人の小グループで持ち寄る。参観者それぞれが授業を見て捉えた子供の姿を出し合い、互いが推察した子供の解釈を重ね合わせる。他者の見方を"聴きあう"ことで、新たな子供の実態が見えてくる。（写真１）

このような新たな気づきにつながるための重要なポイントとなるのが「ラベルの書き方」である。子供の内面を推察する際、子供の姿を根

写真1　ラベルコミュニケーションの様子

拠に判断するため、子供の姿をありのままの「事実」で書くことが必要となる。参観者の捉えではなく、視線や細かな動きまで詳細に観察した行動レベルの「事実」が求められる。自分の「解釈」と、その根拠となる「子供の姿」の両方をしっかりラベルに書くことができるよう、青と赤の異なる色のラベルに書き分けることで差別化している。

また、ラベルコミュニケーションでは、「いろいろな立場の教員が対等に話し合える」というよさがある。教師は、経験年数や経歴、得意分野がそれぞれ異なる。そういった様々な立場の者が、あらかじめ自分の考えをラベルに書き、そのラベルを用いて話し合うことにより、自分が見て感じたことを等しく発言することができる。さらに、参加者全員が役割（進行、記録、報告）を分担し、話し合いの中で自分の役割を遂行することで、必然的に一人一人が主体的に参加する仕組みとなっている。

ラベルコミュニケーションで大切にしている"聴きあう"ことの効果は、相手の考えを尊重しながら、自分と異なる点について、「子供のどの姿からそう思うのですか」などの質問や確認を通じ、互いの考えを理解しあうことである。この経験が私たち教師にとって大切な「コミュニケーション力」を高めることにつながる。また、教師の同僚性を育むこととなり、子供の姿とその解釈を聴きあうことで互いの考えを理解し、子供の理解がより深まることとなる。

このとき授業者は、授業のビデオを見て授業中に見落としていた子供の姿を発見したり、自分自身の関わりを客観的に観察したりして自分自身で振り返りを行うようにしている。

⑤　授業者への聴きあい（全グループでアクティブ・リスニング）

授業者と報告者、プロンプタ、参観者が集まり、直接、授業者とやり取りをする。（写真2）

写真2　アクティブ・リスニングの様子

ラベルコミュニケーションの各グループの報告者が自分のグループで話題になった子供の解釈を伝え、授業者はどのように解釈しているか質問し、授業者は自分なりの解釈を語る。

プロンプタは、本時だけでは見えない子供の姿（前時までの様子や日常場面の様子）を授業者から聴き出し、「だから～したのかも」「いつもは～なんだ」と参観者の子供の解釈を深めていく。授業者も話しながら改めて子供の実態に気づいたり、自分の悩みが整理されたりし、改善点の発見につながることもある。論点が逸れたり、「もっとこうしたらよかったのではないか」といった"教えあい"になったりした場合には軌道修正する。あくまで、授業者自身が自分で問題を発見することを目指している。時には、すぐに問題の原因を見出せない場合があるが、「学びあいの場」を繰り返す中で、自分が

第V部 ｜実践｜

抱える問題の原因の発見につながったり、解決策のヒントを見出したりする場合がある。

#### ⑥ 振り返り（協同学習リフレクション）

アクティブ・リスニング終了後、ラベルコミュニケーションを行ったグループごとに協同学習リフレクションを行う。これは、参観者が自身の気づきや学びを振り返って言語化し、互いに"聴きあい"共有する。言語化し表現することで参観者自身の学びを深め、他者の学びに触れることで学びの広がりを意図している。

### 3 「学びあいの場」を通じた教師の学び

「学びあいの場」を通じ、どのような気づきや学びがあったかアンケート調査した。以下に整理する。

#### ① 新たな「子供の見方」の気づき

「自分一人では気づかなかった『子供の見方』に気づいた」、「『なぜ、この子は？』と子供の内面に目を向けるようになった」など、同僚との対話を通して自分なりに気づき、さらに深く考え直すことで、教師の「子供の見方」が豊かになる。

#### ② 「子供の見方」の傾向への気づき

「無意識のうちに、『この子は～だ』と決めつけていたことに気づき、違う見方をするよう気をつけるようになった」と自分自身の「子供の見方」の傾向や癖、捉え方の傾向に気づき、自己省察や自己理解の深まりが可能となる。

#### ③ 同僚性の構築

「『学びあいの場』のときだけでなく、普段か

ら職員室で子供の話をよくするようになった」と同僚同士が互いに、相手の見方や考え方を尊重し合いながら子供のことを考えることで、同僚性が構築される。

### 4 教師のキャリア発達を促す「学びあい」

「学びあいの場」での取組は、他者から教えられるものではなく、他者との対話を通し多様な「見方・考え方」に触れながら、自分自身が新たな「見方・考え方」に気づき、上書きしていく営みである。教師自身が「主体的・対話的で深い学び」をリアルに体験し、持続、応用可能な教師自身のキャリア発達へとつながる本質的な学びである。

「教師の学びは、実践につながる学びである。自らが学ぶことが子供たちの学びや育ちをより豊かにすることに活かすことができるという他者志向、未来志向の学びである」（秋田、2017）。教師が授業経験の振り返りから子供の内面を見取る力を高めることは、子供にとって質の高い学びが保証されるための授業デザインをすることにつながると考える。結果、教師自身のキャリア発達が促進され続けていくことになると感じている。この新たな校内研修の意義を広く伝播していきたい。

#### 参考文献

富山大学人間発達科学部附属特別支援学校年報 2016,2017,2018
秋田喜代美ほか『岩波講座 教育 変革への展望 ５学びとカリキュラム』岩波書店（2017）p.73.

**Comments**

本取組は、子供の学ぶ姿から教師が想像力を働かせて内面を見取る力を、学び合いを通して高めていこうとするものである。これは、教師の資質・能力を向上するとともに、子供に対する妥当性のある評価につながるもので、資質・能力の三つの柱で整理した新学習指導要領の趣旨を踏まえた３観点による学習状況の評価と個人内評価を実施する上で参考になる取組である。

# 特別支援教育に関わる教員の専門性向上に関する研究 －遠隔連携システムの全期間及び年度ごとの発話データの分析から－

京都ノートルダム女子大学　現代人間学部こども教育学科　准教授　太田　容次

　特別支援教育に関わる教員等が参加する閉じられた遠隔連携システムにおける遠隔地間の教員間の相互作用が、その専門性向上に寄与している要因を探るために、発話データを計量テキスト分析の手法により分析した。年度ごとの発話データの分析からは、複数のファシリテーターが参加者の興味関心に沿った支援を行う事で、相互作用は活性化し継続していた。その際に、先輩教員等が発話を肯定的に返答したり、学びの示唆を行なったりすることで、さらに相互作用は継続していた。

◆キーワード◆　遠隔連携システム、特別支援教育、教員の専門性向上、計量テキスト分析

## 1　はじめに

　中央教育審議会(2015)[1]によると、インクルーシブ教育システムの構築に向けた特別支援教育の進展は喫緊の課題であり、教員養成段階からすべての教員が特別支援教育についての専門性を高めることを求めている。しかし、国立特別支援教育総合研究所(2007)[2](以下、研究所と記す)は研修ニーズとして、「専門的な知識・技能の向上」「リーダーとしての素養の涵養」「国の政策や最新の研究動向に関する知識」を示し、研究所(2013)[3]は教員研修の課題として「教員間のコミュニケーションの確保と継続」「日常的なＯＪＴ(On the Job Training)」を示している。さらに、小・中学校特別支援学級担当教員の特別支援学校教諭免許状保有率30.7%(文部科学省Ｈ29.5現在)[4]が示す教員の専門性の課題がある。これらを裏付けるかのように様々な機会に耳にする教員の声として、書籍やＷｅｂなどに特別支援教育に関する情報は多いが指導上必要とする情報の所在が不明であること、多忙なため研修参加が困難であること、職場での相談相手が不在であることなどがある。

　多様なニーズがありながら、多忙な職務で学ぶ場や機会が少ない教員にとって、主体的で対話的な学びが専門性向上のために日常的に必要であろう。

## 2　研究の目的・方法

　本研究では、特別支援教育に関わる教員のみが参加可能な遠隔連携システムにおける遠隔地間の教員間の相互作用が、専門性向上に寄与している要因を探ることを目的とし、一切の個人情報等を除く発話ログを計量テキスト分析の手法により分析する。

具体的には、研究所の研究（2008～2009年　専門研究Ｂ「知的障害教育におけるキャリア教育の在り方に関する研究」研究代表者：菊地一文（以下、研究課題と記す））の一環で2009年9月に設置され、現在も教員間の遠隔地間の連携が継続している遠隔連携システムを対象とし、設置以来2017年度末までの全発話を分析することで、遠隔地間の教員の相互作用を概観する。

発話データは、テキストファイルの情報をExcel形式で保存し、計量テキスト分析システムKHCoder（樋口2004、2014）[5][6]を用いて分析を行った。樋口[6]は計量的分析手法をテキスト型データに適用することの利点として、「信頼性・客観性の向上とデータ探索」を挙げている。

## 3　倫理的配慮

研究倫理対応については、キャリア発達支援研究会年会（2017年12月）及び同会議室において、ポスター発表及び文書による説明により研究推進の了解を得た。その後研究所の審査を経て、提供された発話データを対象に個人情報を全て除き、取り扱った。

## 4　分析対象とする発話データの概要

本研究で対象とする発話データは、研究所にて研究の一環として、研究分担者や研究協力機関、研究協力者との継続した協議や情報交換等のために設置された遠隔連携システムの発話データと、その後研究会として継続して会員間で行われた情報交換等の発話データである。

2009年9月設置以来の発話数は、表1に示すとおりである。なお、新規投稿の発言に対する返信も1件とカウントしている。2018年12月現在会員登録している者は、研究所研究員、特別支援学校等教員、教育委員会指導主事等、大学教員等で、のべ314名である。

表1　年度ごとの発話数

| 年度 | 発話件数 |
|---|---|
| 2009年 | 109 |
| 2010年 | 238 |
| 2011年 | 286 |
| 2012年 | 389 |
| 2013年 | 119 |
| 2014年 | 106 |
| 2015年 | 111 |
| 2016年 | 107 |
| 2017年 | 552 |
| 計 | 2017 |

## 5　年度ごとの発話データの分析結果

2009年9月より2018年3月末に投稿された発話データのテキストファイルを、計量テキスト分析システムKHCoderにより年度ごとの頻出語を分析した結果を表2に示す。対象となるテキストファイルの総抽出語数は728,285語（使用は277,013語）であった。計量テキスト分析システムKHCoderによる用語間の共起関係には、Jaccardの類似性測度を使用した。0から1までの値で関連が強い

表2　2009～2017年度ごとの頻出語の比較

| file:2009.txt | | file:2010.txt | | file:2011.txt | | file:2012.txt | |
|---|---|---|---|---|---|---|---|
| 研修 | .034 | 災害 | .020 | 進路 | .017 | お願い | .136 |
| 観点 | .024 | 地震 | .016 | シンポ | .015 | 思う | .124 |
| 能力 | .022 | 被災 | .015 | 自主 | .015 | 学校 | .123 |
| 進路 | .018 | 医療 | .014 | 願い | .011 | 教育 | .123 |
| 肢体 | .018 | 地方 | .012 | 本人 | .011 | キャリア | .120 |
| 自己 | .016 | 沖 | .011 | 勉強 | .011 | 推進 | .116 |
| 不自由 | .015 | 精神 | .011 | 中心 | .010 | 研究 | .115 |
| 小学 | .015 | 福祉 | .010 | 共通 | .010 | 生徒 | .113 |
| 皆さん | .014 | 避難 | .009 | カウンセリング | .010 | ありがとう | .110 |
| 活用 | .014 | 施設 | .008 | 中学 | .010 | 意見 | .110 |

| file:2013.txt | | file:2014.txt | | file:2015.txt | | file:2016.txt | |
|---|---|---|---|---|---|---|---|
| 大切 | .079 | メンバー | .067 | 土 | .059 | 大会 | .092 |
| 養護 | .079 | 変更 | .062 | 案内 | .058 | 開催 | .072 |
| 講演 | .073 | 報告 | .058 | 行う | .055 | 技能 | .070 |
| 必要 | .070 | 所属 | .052 | 開催 | .055 | 検定 | .067 |
| 感じる | .069 | 近況 | .050 | 講演 | .054 | 皆様 | .062 |
| 報告 | .068 | 皆様 | .050 | 連絡 | .054 | 支部 | .061 |
| 取組 | .067 | 異動 | .050 | 報告 | .054 | 対話 | .060 |
| 行う | .067 | 人事 | .050 | 企画 | .051 | 発達 | .059 |
| 願い | .067 | 次 | .050 | 講師 | .051 | 全国 | .059 |
| 取り組む | .064 | 高等 | .049 | 派遣 | .051 | ワークショップ | .057 |

| file:2017.txt | |
|---|---|
| お願い | .146 |
| 思う | .143 |
| 皆様 | .141 |
| 参加 | .140 |
| 支援 | .138 |
| ありがとう | .136 |
| 学校 | .132 |
| 発達 | .131 |
| キャリア | .123 |
| 特別 | .116 |

※数値はJaccardの類似性測度の値を示す。

8 特別支援教育に関わる教員の専門性向上に関する研究

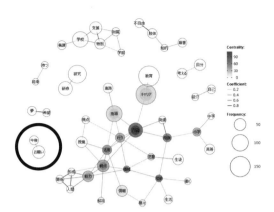

図1　2009年発話の頻出語の共起ネットワーク

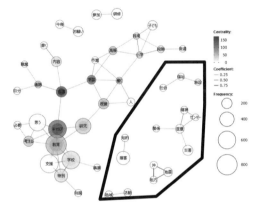

図2　2010年発話の頻出語の共起ネットワーク

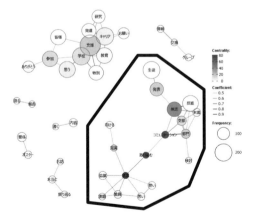

図3　2016年発話の頻出語の共起ネットワーク

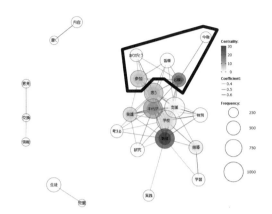

図4　2017年発話の頻出語の共起ネットワーク

との関連から研修が見られ、研究や進路指導に関する語句がみられる。（図1参照）

2010年度は、東日本大震災に関する障害のある人の避難や防災に関する語句が多くみられる（図2に震災関連の頻出語句を囲んだ）。2011年3月に発生した東日本大震災関連の語句が多く見られるが、図2に示す頻出語の中心性と頻度としては、指導、学習、キャリアなどの中心性が高く、東日本大震災関連だけではない相互作用の頻度が多く見られている。

2011年度は、進路指導に関する語句や特殊教育学会等に関する語句、本人・保護者・重度の子供たちの願いといった語句がみられる。

2012年度は、キャリア教育、推進、研究などの実践研究にかかる語句と、お願い、意見、ありがとうといった直接やり取りをする際に交わされる語句が高い頻度でみられる。

2013年度は、発話数が前年度の1/3で119件となり、表2に示す頻出語句は、取組、報告、願い、講演などがみられる。

2014年度は、サイトのメンバー、所属、近況、報告など地域での研究会等の開催連絡に関する語句がみられる。

ほど1に近づき、どちらの条件にもあてはまらない0-0対の影響を無視する特徴がある。

2009年度の頻出語は、研究所の専門研修等

キャリア発達支援研究　Vol.6　129

2015年度は、講演、連絡、講師、企画、派遣など地域での研究会等の開催連絡に関する語句がみられる。

2016年度は、技能、検定、大会、開催といった具体的な取組に関する語句や、全国、発達、支部といった研究活動の中で発足した研究会に関する語句もみられる。

2017年度は、お願い、思う、参加、ありがとうといった相互作用や直接体験にかかる語句が見られ、キャリア、研究内容の活用等にかかる相互作用であり、キャリア教育に関する相互作用が高い頻度でみられる。

## 6 発話データ分析結果からの考察

表2、図1〜4に示す通り、各年度の中心話題を表す頻出語句が抽出されている。特徴的な2010年は東日本大震災に関する相互作用が見られるが、頻出語の中心性と頻度からはキャリア発達支援に関する相互作用が多く見られている。詳細な事例分析は紙面の関係で省くが、それぞれに先輩教員やファシリテーターが肯定的な返答をしたり、さらなる学びの示唆をしたりしている。対面でのコミュニケーション同様に、書籍や講義で学んだ基礎的な知識を活用するための具体的な意見交換などの相互作用が多いと考えられる。

## 7 まとめ

本研究では、対象とした遠隔連携が行われた期間を対象に、全期間及び年度ごとに計量テキスト分析を行った。本研究のように、参加者が限定された閉じられたネットワークでの相互作用は、複数のファシリテーターが必要で、参加者の興味・関心に沿った支援を行う事で、相互作用は活性化した。また、本研究のように、年に数回直接対面で学ぶ機会を設定する事で、相互作用は継続し共通の話題で相互作用が活性化した。

遠隔連携を進める上でのコーディネーターの役割、教員の専門性向上に関する相互作用などに関して、質的分析との併用による分析や全国で導入が進む統合型校務支援システムとの関係等については今後の課題である。

### 引用文献

1) 中央教育審議会（2015），これからの学校教育を担う教員の資質能力の向上について〜学び合い，高め合う教員育成コミュニティの構築に向けて〜（答申）

2) 徳永亜希雄，渡邉正裕，松村勘由，太田容次，中村均，戸澤和夫，齊藤光男（2007），「特別支援教育を推進する教員研修実施状況及び研修ニーズ等に関する調査報告」，国立特殊教育総合研究所研究紀要，第34巻, 67-91

3) 国立特別支援教育総合研究所（2013），専門研究A「インクルーシブ教育システムにおける教育の専門性と研修カリキュラムの開発に関する研究」研究成果報告書，国立特別支援教育総合研究所

4) 文部科学省(2018)，特別支援教育資料（平成29年度）

5) 樋口耕一「テキスト型データの計量的分析 ―2つのアプローチの峻別と統合―理論と方法」『数理社会学会』19(1)，(2004) 101-115

6) 樋口耕一（2014）「社会調査のための計量テキスト分析 ―内容分析の継承と発展を目指して―」ナカニシヤ出版

**Comments**

遠隔連携システムが、特別支援教育に関わる教員の専門性向上に資するという点で、時代の動向を踏まえた興味深い研究である。今後は、発話内容と併せて、会員の参加率及び参加回数等も含めて遠隔連携システムの効果と課題、課題解決の方策を探るなど、研究会の運営にも資する研究が期待される。

# 第VI部

# 資料

「キャリア発達支援研究会
第6回大会」記録

## キャリア発達支援研究会 第6回大会

### １．大会テーマ

「新学習指導要領を踏まえたキャリア発達支援の充実に向けて」

### ２　大会概要

主催：キャリア発達支援研究会

共催：キャリア発達支援研究会関東支部

協力：ジアース教育新社

### (1) 目 的

① 各校及び関係諸機関における実践や組織的な取組について情報交換し，今後のキャリア発達を支援する教育の充実と改善に向けての情報を得ること。

② 全国各地のキャリア発達を支援する教育の取組事例を基に研究協議を行い，今後の共生社会の形成及び特別支援教育の充実に資する具体的方策について検討すること。

### (2) 期 日　平成30年12月15日（土）　10：00～16：45
　　　　　　　　　　16日（日）　9：00～12：15

### (3) 場 所　独立行政法人国立特別支援教育総合研究所　研修棟
　　　　　〒239－8585　神奈川県横須賀市野比5丁目1番1号

### (4) 日 程

| 1日目 | |
|---|---|
| 9:30～10:00 | 受付 |
| 10:00～10:20 | 開会行事 ①主催者挨拶②企画趣旨説明 ③日程説明 |
| 10:25～12:00 | 基調講演<br>講師：キャリア発達支援研究会　会長<br>　　　京都市教育委員会指導部総合育成支援課 参与　森脇　勤 |
| 12:00～13:00 | 昼食・休憩 |
| 13:00～14:45 | シンポジウムA 「教職員のキャリア発達と組織マネジメント」<br>シンポジウムB 「児童生徒のキャリア発達を促す実践」 |
| 14:45～15:00 | 休憩 |
| 15:00～15:30 | シンポジウム振り返りセッション |
| 15:30～15:40 | 移動 |
| 15:40～16:20 | 全体報告：シンポジウムA 坂本 征之　シンポジウムB 瀧田美紀子<br>全体講評：本会副会長　札幌大学教授　木村　宣孝 |
| 16:20～16:30 | 事務連絡 |
| 18:30～ | 懇親会 |

| 2日目 | |
|---|---|
| 9:00 ～ 10:00 | ポスターセッション |
| 10:00 ～ 10:10 | 移動 |
| 10:10 ～ 11:20 | テーマ別ディスカッション～キャリア発達支援と新学習指導要領のキーワード～<br>A：社会に開かれた教育課程<br>B：育成を目指す資質・能力<br>C：主体的・対話的で深い学び<br>D：カリキュラム・マネジメント |
| 11:20 ～ 11:30 | 移動 |
| 11:30 ～ 12:10 | 全体報告：松見和樹、清水　潤、神山　努、菊地一文<br>講　　評：丹野　哲也（前文部科学省初等中等教育局視学官） |
| 12:10 ～ 12:15 | 閉会行事 ①主催者挨拶　②事務連絡 |

**(5) 参加者数**　137 名

## 3．主な内容

### (1) 基調講演

○演題

「これからの時代に求められるキャリア発達支援について—地域の中で支える・支えられる

を越えて—」

講師：キャリア発達支援研究会　会長

京都市教育委員会 指導部 総合育成支援課 参与　森脇　勤　氏

### (2) ポスターセッション

＊ポスター発表一覧は次のページ

### (3) 第6回大会企画①

シンポジウム A 「教員のキャリア発達と組織マネジメント」

司　　会：太田　容次　　（京都ノートルダム女子大学 准教授）

話題提供：逵　　直美　　（東京都立光明学園 主任教諭）

広兼　千代子　（広島県立三原特別支援学校 教頭）

年光　克水　　（千葉県立夷隅特別支援学校 校長）

指定討論：森脇　勤（京都市教育委員会指導部総合育成支援課参与）

シンポジウム B 「児童生徒のキャリア発達を促す実践」

司　　会：瀧田　美紀子　（横浜市立盲特別支援学校副校長）

話題提供：岡田　克己　　（横浜市立仏向小学校 教諭）

浅沼　由加里　（千葉県立香取特別支援学校 教諭）

岡本　　洋　　（横浜市立若葉台特別支援学校 教諭）

指定討論：菊地　一文　　（植草学園大学 准教授）

## ポスターの一覧（前半９：００～９：３０、後半：９：３０～１０：００）

| No | | 氏名・所属 | テーマ（キーワード） |
|---|---|---|---|
| 1 | 前半 | 岡田 克己<br>横浜市立仏向小学校 | 発達障害のある児童の願いを実現するための<br>本人参加型会議とPATH<br>【キーワード】発達障害、自立活動、通級指導教室、本人参加型会議 |
| 2 | 前半 | 柳川 公三子<br>富山大学人間発達科学部<br>附属特別支援学校 | 教師の「見方・考え方」を豊かにし、<br>キャリア発達を促す校内研修の在り方<br>【キーワード】子どもを観る力、対話を通じた気づき、問題発見型研修 |
| 3 | 前半 | 浅井 圭子<br>茨城県立友部<br>特別支援学校 | 高等部作業学習の取り組みから<br>【キーワード】作業学習の変遷、教育課程、年間指導計画 |
| 5 | 前半 | 太田 容次<br>京都ノートルダム<br>女子大学 | 特別支援教育に関わる教員の専門性向上に関する研究<br>【キーワード】遠隔連携システム、特別支援教育、教員の専門性向上、<br>計量テキスト分析 |
| 6 | 前半 | 鈴木 雅義<br>静岡大学教育学部附属特<br>別支援学校 | キャリア発達を促す動く木のおもちゃづくり<br>【キーワード】キャリア発達、学びのスパイラル、主体的・対話的で深い<br>学び、自立活動、大学との協働 |
| 7 | 前半 | 山口 明日香<br>高松大学発達科学部 | 進路に関わらない教員への職業リハビリテーションの基礎研修実施によ<br>る教育効果に関する研究　―自由記述の質的分析から―<br>【キーワード】教員研修、職業リハビリテーション、研修効果 |
| 8 | 前半 | 鈴木 奈都<br>北海道札幌あいの里<br>高等支援学校 | 心を育む作業学習　パンダベールでの成長<br>【キーワード】作業学習、地域向け販売活動、製菓・製パン |
| 9 | 前半 | 松井 弘子<br>東京都立田園調布<br>特別支援学校 | 本校教員に対するキャリア教育に関するアンケート<br>（自由記述）の分析について<br>【キーワード】キャリア教育、自由記述、テキストマイニング、類型分け |
| 10 | 前半 | 林 尚美<br>横浜市立本郷特別<br>支援学校 | 特別支援教育で「音楽」ができること<br>～キャリア発達の視点から～<br>【キーワード】特別支援教育、音楽、自己肯定感、コミュニケーション |
| 11 | 前半 | 岸本 信忠<br>岡山県立岡山東<br>支援学校 | これからの授業で育む資質・能力<br>～観点別学習状況の評価を取り入れて～<br>【キーワード】新学習指導要領、観点別学習状況の評価、キャリア発達 |
| 12 | 前半 | 梁田 桃子<br>横浜市立若葉台<br>特別支援学校 | 小児慢性特定疾病のある生徒のキャリア発達<br>～気づくことから成長したKさん～<br>【キーワード】自分の体調を自分で話す、本人の気づき、教員が待つこと |
| 13 | 前半 | 湯浅 真<br>宮崎県立みやざき<br>中央支援学校 | 生徒が主体的に取り組む作業学習<br>【キーワード】目標設定、振り返り、話し合い、共有 |
| 14 | 前半 | 伊藤 紘樹<br>横浜市立港南台<br>ひの特別支援学校 | カリキュラム・マネジメントの視点で取り組む授業改善の実現<br>【キーワード】授業改善、教科等横断的な視点、学習評価 |
| 15 | 前半 | 杉中 拓央<br>小田原短期大学 | 保育系学生のキャリア発達と相対年齢効果<br>【キーワード】保育系学生、キャリア発達、相対年齢効果 |

| 16 | 後半 | 乗金 大輔<br>岡山県立岡山東<br>支援学校 | インクルーシブ教育のシステムを構築するための特別支援学校の役割<br>【キーワード】インクルーシブ教育、居住地交流 |
|---|---|---|---|
| 17 | 後半 | 杉田 由美<br>埼玉県立入間わかくさ高<br>等特別支援学校 | 働く力を育む「わかくさ版デュアルシステム」<br>【キーワード】社会に開かれた教育課程、デュアルシステム、働く力 |
| 18 | 後半 | 松岡 志穂<br>北海道函館高等支援<br>学校開校準備事務室 | 新「学校のカタチ」を創ります（in 函館）<br>【キーワード】新設校、組織づくり、地域と共に |
| 19 | 後半 | 矢ヶ部 洋滋<br>横浜わかば学園 | できるようになりたいライフスキル<br>【キーワード】ライフスキル、働き続ける力、自己選択 |
| 20 | 後半 | 遠藤 千恵<br>横浜市立日野中央高等特<br>別支援学校 | 主体的・対話的で深い学び〜作業学習を通して〜<br>【キーワード】コミュニケーション |
| 21 | 後半 | 藤井 蓮<br>横浜国立大学 | 社会に開かれた教育課程<br>【キーワード】キャリア教育 |
| 22 | 後半 | 齊藤 美紗稀<br>横浜市立上菅田特別支援<br>学校 | 英語の実践報告<br>【キーワード】肢体不自由、英語 |
| 23 | 後半 | 葛川 博<br>横浜市立若葉台特別支援<br>学校 | 社会自立に向けたライフキャリア教育<br>【キーワード】社会自立、ライフキャリア教育 |
| 24 | 後半 | 松宮 ちづる<br>京都市立西総合支援学校 | 新たな地域の創造〜学びと育みの場づくり〜<br>【キーワード】学校運営協議会と熟議と協働 |
| 25 | 後半 | 筧 薫<br>京都市立東山総合<br>支援学校 | 地域協働活動の広がり（東山総合支援学校）<br>【キーワード】地域と共に、新たな関係、ともに変容 |
| 26 | 後半 | 濱野 香織<br>群馬大学教育学部附属特<br>別支援学校 | みんなで走っていってみよう<br>【キーワード】生涯教育、地域資源 |
| 27 | 後半 | 今野 由紀子<br>宮城県立迫支援学校 | 「いつ学ぶのか 何を学ぶか どのように学ぶか」<br>【キーワード】小規模学習集団、主体的・対話的、体験 |
| 28 | 後半 | 刀禰 豊<br>岡山県立岡山東支援学校 | 高等部卒業後もキャリア支援を可能にする当事者支援サークル<br>「チーム響き」の実践と理念、方向性について<br>【キーワード】継続的なキャリア支援のあり方、包括的な支援の方向性、<br>個々のニーズのあった支援 |
| 29 | 後半 | 達 直美<br>東京都立光明学園 | KOMEI 発 働き方改革！量から質へ<br>〜授業支援の導入と成果〜<br>【キーワード】授業改善、教員の資質向上、若手育成 |

キャリア発達支援研究会機関誌

# 「キャリア発達支援研究6」

## 編集委員

森脇　勤（京都市教育委員会指導部総合育成支援課　参与）

木村　宣孝（札幌大学地域共創学群人間社会学域　教授）

菊地　一文（弘前大学大学院教育学研究科　教授）

松見　和樹（千葉県立つくし特別支援学校　教頭）

武富　博文（神戸親和女子大学発達教育学部児童教育学科　准教授）

清水　潤　（秋田県教育庁特別支援教育課指導班　主任指導主事）

杉中　拓央（小田原短期大学保育学科　専任講師）

坂本　征之（国立特別支援教育総合研究所研修事業部　主任研究員）

滑川　典宏（国立特別支援教育総合研究所情報・支援部　主任研究員）

## 執筆者一覧

### 巻頭言
森脇　勤　　キャリア発達支援研究会会長

## 第Ⅰ部
1　山中　ともえ　全国特別支援学級・通級指導教室設置学校長協会会長
2　中田　正敏　　明星大学教育学部教育学科特任准教授

## 第Ⅱ部
森脇　勤　　キャリア発達支援研究会会長
木村　宣孝　札幌大学地域共創学群人間社会学域教授
丹野　哲也　キャリア発達支援研究会／東京都教育庁

## 第Ⅲ部
1　松見　和樹　千葉県立つくし特別支援学校教頭
2　清水　潤　　秋田県教育庁特別支援教育課指導班主任指導主事
3　菊地　一文　弘前大学大学院教育学研究科教授
4　武富　博文　神戸親和女子大学発達教育学部児童教育学科准教授

## 第Ⅳ部

### 第1章
A　湯田　秀樹　青森県立青森第二養護学校教頭
B　川島　民子　滋賀県総合教育センター指導主事
C　鈴木　雄也　北海道札幌養護学校教諭
D　岸本　信忠　岡山県立岡山東支援学校教諭

### 第2章
1　岡田　克己　　横浜市立仏向小学校教諭
　　浅沼　由加里　千葉県立香取特別支援学校教諭
　　岡本　洋　　　横浜市立若葉台特別支援学校教諭
　　瀧田　美紀子　横浜市立盲特別支援学校副校長
2　達　　直美　　東京都立光明学園主任教諭
　　広兼　千代子　広島県立三原特別支援学校教頭
　　年光　克水　　千葉県立夷隅特別支援学校校長
　　太田　容次　　京都ノートルダム女子大学現代人間学部子ども教育学科准教授

## 第Ⅴ部
1　若松　亮太　　広島県立三原特別支援学校教諭
2　林　　尚美　　横浜市立盲特別支援学校主幹教諭
3　坂本　司良　　横浜市立西が岡小学校言語障害通級指導教室教諭
4　小西　夏　　　石川県立明和特別支援学校教諭
5　筧　薫　　　　京都市立東山総合支援学校教諭
6　山口　明日香　高松大学発達科学部子ども発達学科准教授
7　柳川　公三子　富山大学人間発達科学部附属特別支援学校教諭
8　太田　容次　　京都ノートルダム女子大学現代人間学部子ども教育学科准教授

## キャリア発達支援研究会機関誌「キャリア発達支援研究」

### ■編集規定

1. 本誌は「キャリア発達支援研究会」の機関誌であり、原則として1年1号発行する。
2. 投稿の資格は、本研究会の正会員、ウェブ会員とする。
3. 本誌にはキャリア発達支援に関連する未公刊の和文で書かれた原著論文、実践事例、調査報告、資料などオリジナルな学術論文を掲載する。
   (1) 原著論文は、理論的または実験的な研究論文とする。
   (2) 実践事例は、教育、福祉、医療、労働等における実践を通して、諸課題の解決や問題の究明を目的とする研究論文とする。
   (3) 調査報告は、キャリア発達支援の研究的・実践的基盤を明らかにする目的やキャリア発達支援の推進に資することを目的で行った調査の報告を主とした研究論文とする。
   (4) 資料は、原著論文に準じた内容で、資料性の高い研究論文とする。
   (5) 上記論文のほか、特集論文を掲載する。
      特集論文：常任編集委員会（常任理事会が兼ねる）の依頼による論文とする。
      上記の論文を編集する際は、適宜「論説」「実践編」等の見出しをつけることがある。
4. 投稿論文の採択および掲載順は、常任編集委員会において決定する。掲載に際し、論旨・論拠の不明瞭な場合等において、論文の記載内容に添削を施すことがある。この場合、投稿者と相談する。
5. 掲載論文の印刷に要する費用は、原則として本研究会が負担する。
6. 原著論文、実践事例、調査報告、資料の掲載論文については、掲載誌1部を無料進呈する。
7. 本誌に掲載された原著論文等の著作権は本研究会に帰属し、無断で複製あるいは転載することを禁ずる。
8. 投稿論文の内容について、研究課題そのものや記載内容、表現方法において、倫理上の配慮が行われている必要がある。

### ■投稿規程

1. 投稿する際は、和文による投稿を原則とする。
2. 原則としてワープロ等により作成し、A4判用紙に40字×40行（1600字）で印字された原稿の電子データ（媒体に記憶させたもの）を提出すること（Eメール可）。本文、文献、図表をすべて含めた論文の刷り上がり頁数は、すべての論文種について10ページを超えないものとする。提出した電子データは、原則として返却しない。
3. 図表は、白黒印刷されることを念頭に、図と地の明瞭な区分のできるもの、図表の示す意味が明瞭に認識できるもの、写真を用いる場合は鮮明なものを提出すること。
   図表や写真の番号は図1、表1、写真1のように記入し、図表や写真のタイトル、説明とともに一括して別紙に記載すること。また、本文中にその挿入箇所を明示すること。写真や図、挿絵の掲載、挿入に当たっては、著作権の侵害にあたるコンテンツが含まれないよう十分注意すること。
4. 必要がある場合は、本文中に1）、2）・・・のように上付きの通し番号で註を付し、すべての註を本文と文献欄の間に番号順に記載すること。
5. 印刷の体裁は常任編集委員会に一任する。
6. 研究は倫理上の検討がなされ、投稿に際して所属機関のインフォームド・コンセントを得られたものであること。

### ■投稿先

ジアース教育新社
〒101-0054 東京都千代田区神田錦町1-23 宗保第2ビル
TEL 03-5282-7183　FAX 03-5282-7892
E-mail：career-development@kyoikushinsha.co.jp
（Eメールによる投稿の場合は件名に【キャリア発達支援研究投稿】と記すこと。）

キャリア発達支援研究 6

# 小・中学校等における
# 多様な個のニーズに応じたキャリア教育
～深い学びとキャリア発達支援～

令和元年12月9日　初版第1刷発行

編　　著　キャリア発達支援研究会
　　　　　会長　森脇　勤
発 行 人　加藤　勝博
発 行 所　株式会社ジアース教育新社
　　　　　〒101-0054　東京都千代田区神田錦町1-23　宗保第2ビル
　　　　　TEL：03-5282-7183　FAX：03-5282-7892
　　　　　(http//www.kyoikushinsha.co.jp/)

■表紙・本文デザイン・DTP　株式会社彩流工房
■印刷・製本　三美印刷株式会社

Printed in Japan

ISBN978-4-86371-519-6
○定価はカバーにに表示してあります。
○乱丁・落丁はお取り替えいたします。（禁無断転載）